8 DIAS EM 2020

TÍTULO ORIGINAL
8 DIAS EM 2020

REVISÃO
JOANA BAUDOUIN

CAPA E PAGINAÇÃO
JOANA BERNARDO

BIBLIOTECA NACIONAL DE PORTUGAL
CATALOGAÇÃO NA PUBLICAÇÃO
BERNARDO, Joana
8 DIAS EM 2020
ISBN 978-989-9027-77-0
CDU 821.134.3-92"20"

DEPÓSITO LEGAL
495820/22

IMPRESSÃO
PENTAEDRO, LDA.

MINOTAURO
FEVEREIRO 2022

MINOTAURO, uma chancela de Edições Almedina, S.A.
LEAP CENTER – Espaço Amoreiras - Rua D. João V, n.º 24, 1.03
1250-091 Lisboa – Portugal
e-mail: editoras@grupoalmedina.net

Os autores escrevem segundo o antigo Acordo Ortográfico.

8 DIAS EM 2020

JOANA BERNARDO
+
PEDRO RAMOS **RUI SILVEIRA** PEDRO MARQUES LOPES **MARIANA, A MISERÁVEL**
CLÁUDIA DUARTE **SUSANA MENDES SILVA** CATARINA BARROSO
DANIEL BLAUFUKS LUCÍA VIVES **MIA TOMÉ** VÍTOR PINTO **SARA FÉLIX**
JOÃO FAZENDA **BARTOLOMEU COSTA CABRAL** ELISA SANTOS **PEDRO SERRANO**
ANA PAULA RODRIGUES **RAQUEL BRAGA** HUGO OLIVEIRA

MINOTAURO

No final do ano 2019 as notícias começam a reportar a existência de um vírus potencialmente mortal em Wuhan, a maior cidade da província de Hubei na China. Em Fevereiro de 2020 o vírus é baptizado, seguindo as normas científicas, de *SARS-CoV-2*. Um vírus mais desolador que uma tempestade merecia um nome menos desinspirado, mas é este que faz com que toda a população mundial — quase 8 bilhões de pessoas — se junte num evento a que chamamos «pandemia».

A 2 de Março de 2020 confirma-se o primeiro caso de infecção em Portugal, e seguem-se rapidamente os seguintes. Inicia-se assim uma obsessão pelos números: contágios, internados, mortes. E mais tarde chegam outros números: isolados, recuperados, vacinados.

Tentando evitar que o vírus, também conhecido como «novo coronavírus», se espalhe de modo catastrófico, muitos decidem isolar-se em casa, evitando contactos e contágios. É nesta altura, a dias de ser decretado o primeiro confinamento em Portugal, e prevendo o impacto do mesmo, que começa a nascer este livro.

Nestas páginas, duas dezenas de pessoas descrevem oito dias das suas vidas durante a pandemia. O livro divide-se em duas partes: o primeiro momento reúne textos escritos entre Março e Maio de 2020, apanhando o primeiro embate; o segundo momento reúne textos escritos entre Novembro de 2020 e Janeiro de 2021, altura em que a vacina desenvolvida para o combate à doença provocada pelo vírus começa a ser distribuída. Ao longo dos vários registos diários, tropeçamos em títulos de notícias que fizeram capa do jornal Público durante este período.

Este é um documento que retrata o ano que ficou marcado pela fragilidade do corpo humano e pelas assimetrias socioeconómicas do mundo em que vivemos, e é sobretudo uma compilação de histórias íntimas e de episódios quotidianos vividos por duas dezenas de pessoas.

Joana Bernardo

Arrendar casa em Lisboa é mais difícil que em Barcelona e Berlim

10/02/2020

Partidos travam referendo à eutanásia apoiado pela Igreja

12/02/2020

Coronavírus: UE diz que é preciso vigiar mas sem exagero

14/02/2020

Plano para ensinar empatia na escola chega a 600 alunos

17/02/2020

Primeiro português infectado está no Japão

23/02/2020

Coronavírus: Itália já é o quarto país com mais casos

24/02/2020

Perigo para a saúde pública pode suspender Schengen e repor controlo de fronteiras.

26/02 /2020

Grécia em crise: Refugiados estão a ser "tratados como o inimigo"

04/03/2020

Festivais e grandes feiras sujeitos a "avaliação de risco" mas sem cancelamentos

03/03/2020

Capitão Fausto dão festa com 50 músicos em palco

07/03/2020

Governo fecha escolas e proíbe visitas para conter surto a norte

08/03/2020

Avançam regras para "isolamento coercivo" e proibição de eventos

10/03/2020

PARTE I

/

PEDRO RAMOS

13 de Março de 2020

Oiço a Ella a cantar o *Manhattan* umas 11 vezes seguidas e algures no meio deste *loop* exclamo para o piso de cima: «E quando ouvimos esta canção mesmo em Manhattan, a olhar pela janela do hotel, lembras-te?»

A minha filha responde-me lá de cima: «simmmmmm, foi tão bonito.»

Agora se lá quiséssemos voltar não podíamos, devido ao bloqueio imposto. Nenhum europeu pode entrar nos Estados Unidos, anunciou *The* Donald há dois dias, precisamente na mesma altura em que Tom Hanks fez saber que tem coronavírus. «Vamos contrair todos isto e depois vai passar», tenho repetido eu, mas há uns minutos disse-o a um amigo que tem o pai doente com problemas respiratórios. O pai dele não pode mesmo apanhar isto. Há muito que os meus mais velhos me morreram e apercebo-me de repente do meu egoísmo. Afundo-me como um pedregulho. Nos últimos anos coloco os seres humanos pós-sexagenários do lado do inimigo com demasiada facilidade, aqueles que já não querem saber que o planeta esteja em chamas e que votam nos racistas e homofóbicos e, por vezes, esqueço-me dos bons.

14 de Março de 2020

Acordei com uma forte dor de cabeça e o telefone cheio de mensagens. Bebi demais ontem e enviei inúmeras cartas digitais de amor no meio daquele nevoeiro induzido em que me consigo finalmente sentir mais próximo dos outros. Este apocalipse deixa-nos mais próximos da verdade. Quando quase morremos, sentimo-nos vivos como nunca. Estudei esta matéria com afinco na adolescência, ao atravessar o divórcio dos meus pais. Combatia as minhas incertezas com acrobacias idiotas, como pendurar-me no exterior de um oitavo andar só com um braço, apanhar autocarros em andamento, sentar-me em tábuas no topo de edifícios em obras do lado de fora, saltar de colinas às escuras sem saber se havia chão, provocar grupos de *skinheads* sozinho, saltar de veículos em movimento para a estrada, etc., etc.

Fiz tudo isso e estou aqui. Foi preciso ser pai e passar dos trinta para sentir o meu primeiro medo: foi na lenta e entediante roda gigante da Feira Popular. De repente, o mundo era mais do que só uma coisa minha e isso fez de mim um medricas. Precioso, talvez seja uma melhor palavra.

Entre as mensagens desta manhã, transcrevo a troca com a minha amiga Chantal, californiana a morar há uns anos na Cidade do México:

P — Just hang in there and we get this.

C — I know. I'm scared. B. is in LA, I'm in Mexico City.

P — Had so much friends come from Mx City lately telling me I should live there, some boroughs are so European. Anyway, no time to Monocle talk right now. I think we needed this wake-up call, our generation. This will make us arrange superior music, fall in love harder.

C — I agree entirely, we needed a shift. And yes to Mexico City, I love it.

P — Wait are u guys separated by the travel ban?

C — Hahah nooo we are not together! For a few years now.

Pensava que estavam juntos, eles. Descobrir a separação de dois amigos via fecho das fronteiras diz muito de como por vezes nos escapa a verdade que importa daqueles de quem gostamos.

À noite, a Catarina enviou-me uma gravação à capela a cantar *O Que Foi Feito Deverá*, do Milton (à maneira da Elis), e aquilo encheu-me de vontades e de fazer possíveis os impossíveis. Respondi-lhe que devia abrir o seu primeiro disco (de que andamos a falar há anos) assim mesmo, à capela, com o som das obras ao fundo. Pensei na abertura do *In A Bar Under The Sea*, dos dEUS, com a gravação escarafunchada de *I Don't Mind Whatever Happens*. Há tanta coragem em abrir um disco com um retrato honesto da nossa mais íntima imperfeição que, de seguida, tudo é glória e trilho de rosas.

15 de Março de 2020

Passo estes dias no *bunker* com a minha filha Maria Inês. Ouvimos música bem alto, vemos filmes de terror, desenhamos constantemente. Cozinhamos. Dançamos, jogamos micado, fazemos vozes ridículas e não sentimos a paranóia. Ainda é só o início, para já apenas equivalente a um fim-de-semana preguiçoso. Ela não terá aulas tão cedo, na minha cabeça imagino que não vai haver mais escola este ano. Fala-se em dezoito meses para termos acesso a uma possível vacina contra o vírus. Fala-se de muita coisa e nada é certo. Recebeu hoje um e-mail da professora directora de turma com acesso a várias pastas onde irá receber, ao longos destes meses, a matéria das várias disciplinas, online.

Ao mesmo tempo, continuo a ensinar-lhe acordes na *Stratocaster* cor-de-rosa que era minha e que lhe passei no último Natal, munida de amplificador e pedal de distorção. Ainda lhe é difícil calcar as cordas, mas já fixou a posição dos dedos dos *power chords* básicos com que se fizeram todos os discos dos Ramones.

Por vezes precisamos de espaço um do outro. Hoje refugiou-se nas séries de anime *Haikyu* (sobre voleibol) e *Assassination Classroom* (apesar do título medonho não é tão violento como soa) e ao mesmo tempo, no piso de baixo, eu relia livros de outros anos: Rabindranath Tagore, W.H. Hauden, Lydia Davis. Voltei a pegar na biografia do Buñuel. Aquele início em que ele confessa a ansiedade com os seus pequenos lapsos de memória, tendo assistido à demência da mãe, fez-me pensar nas minhas constantes falhas e esquecimentos. Porque será que em criança nos diziam sempre que o queijo nos dava cabo da memória? Tenho sempre demasiado queijo no frigorífico. Paranóia.

Cantei a *Fools Rush In* em karaoke e publiquei no meu Instagram. A minha versão preferida é a do pai do Vincent Gallo no *Buffalo 66*, num *playback* perfeito do Ben Gazzara. Nem a Doris Day nem o Sinatra lhe chegam aos pés. «*That's lovely*!», comentou o meu herói/amigo Tom Barman (ainda ontem falava dos dEUS) e «tu cantas bem?! *What*?» exclamou a Carolina. Soube-me bem ler aquilo. Acho que mais ninguém ouviu. Agora que o mundo está a acabar, tenho de cantar mais.

Fizemos um balde grande de pipocas e vimos o *Kramer Contra Kramer*. Chorei, como choro sempre, e abraçámo-nos no fim, amparados pelo Vivaldi da banda-sonora do filme.

Antes de dormir, dose de realidade com o debate em directo de Joe Biden e Bernie Sanders. Biden está cada vez mais confiante e Bernie cansado, tendo sido mais uma vez tramado pelo próprio partido. Avançando Biden contra Trump, será devorado no jogo televisivo. Mesmo num milagre de Biden conseguir a Casa Branca, o plano ambiental dele é muito menos ambicioso do que aquele que Bernie aplicaria. Agarro-me ao crachá de Bernie que comprei durante a campanha, em 2016, como se fosse um terço. Lá em baixo, a minha filha toca piano baixinho. Adormeço com a CNN ligada.

16 de Março de 2020

O meu ganha-pão principal é a minha voz, gravando publicidade. Nesta altura os estúdios estão a arranjar forma de prosseguir com o trabalho a partir de casa, sem ter de abrir as portas. A maior parte dos sonoplastas tem equipamento de produção e edição em casa, basta ao locutor gravar por si a voz e enviar por e-mail. Comprei há uns anos um microfone que me salva em situações de emergência, mas nos últimos meses emprestei-o à minha filha Maria Inês para ela fazer as brincadeiras sónicas dela. Naturalmente, o microfone está em casa da mãe, Inês Maria. Isso fez com que saísse pela primeira vez de casa.

Enchi os pneus da bicicleta, peguei na mochila e lá fui eu enfrentar o diabólico Mundo Exterior. Cheguei rapidamente à Avenida da Igreja sem me cruzar com ninguém, avistando apenas algumas máscaras ao longe. A Inês foi de luvas e máscara à varanda e atirou-me o saco com o microfone, que consegui apanhar no ar sem que caísse na relva. Pedalei de volta a casa, fazendo a maior parte do trajecto sem avistar vivalma. Na Avenida das Forças Armadas entro numa zona com relva e uma senhora mais velha tropeça numa raiz de uma árvore poucos metros à minha frente, estatelando-se na terra sem se conseguir levantar. Parei e tentei ajudá-la, tocando-lhe no braço. Não se conseguia levantar e começou a chorar, querendo ficar um pouco mais no chão. Chega outra pessoa que assistiu à queda e não pára de falar. Na minha cabeça o constante pensamento de que todo o trabalho dos últimos dias para evitar o contágio tinha ido para o lixo em poucos segundos, mas claro que não poderia deixar de ajudar a senhora a levantar-se. Finalmente fizemos os três força e ela conseguiu manter-se em pé. Toquei-lhe no braço apenas. Perguntei-lhe se estava capaz de ir para casa, respondeu que morava já ali ao lado. Pegou na carteira e começou a caminhar, e eu disparei na minha bicicleta. Toquei-lhe no braço apenas, mas é suficiente para estar contaminado. Paranóia. Dois minutos depois vi-me forçado a entrar num túnel de passagem de peões. Ao entrar, oiço vozes estrangeiras. Acelero o mais rápido possível, não respirando nunca e afastando-me ao máximo. Passo por eles, dois adolescentes sem máscaras a falar sem parar. Ao sair do túnel apercebo-me de que falavam italiano. A Itália é o maior foco de infecção da Europa e está paralisada há semanas. Paranóia.

Chego a casa e desinfecto tudo o melhor que sei, mas na verdade não sei nada de nada. A minha filha assustou-se um pouco pela primeira vez, sentindo o meu pânico e cansaço. Fiz-lhe uma sopa. Já passou. Mas é incontrolável e não quero sentir isto novamente.

17 de Março de 2020

Um dia dividido entre gravações e regravações e e-mails de trabalho. O agente de um DJ que estava já programado para Maio no Solário (tardes que organizo no terraço do Lux) pergunta-me se já não vai acontecer. É óbvio que não, nada vai acontecer até depois do Verão. Enfim, é outro e-mail a que terei de responder.

A Maria Inês desenha sem parar. Resgatamos uma caixa com muitos livros dela, aos quais não deu a devida atenção e que estavam esquecidos. Empilhamo-los na mesa da sala, para serem amados como merecem. Canto a *Femme Fatale* e a *I'll Be Your Mirror*, dos Velvet Underground, em *karaoke*, no nosso ecrã gigante. Rimos muito.

18 de Março de 2020

Uma das recomendações que muito escutamos na prevenção do vírus é que devemos beber água de quinze em quinze minutos, pois ao hidratarmos a boca e a garganta estamos a enviar a potencial ameaça para o estômago, onde os ácidos conseguem destruí-lo. O meu garrafão de seis litros de água *Fastio* está a dar as últimas e ultimamente tenho sentido um cheiro muito forte a amoníaco na água da torneira. Tenho pouco pão também, e a pasta de dentes e o sabonete estão a acabar. Em breve terei de voltar a uma loja de conveniência. O presidente declara estado de emergência, o que significa barreiras policiais nas ruas, poderes reforçados das autoridades. Se há coisa que nunca se deve fazer é dar mais poder à nossa polícia.

No *karaoke* continuo a entoar canções cantadas pela Nico: *These Days* e *Fairest Of The Seasons*. Tento encontrar a *Alice* do Tom Waits, mas há apenas uma versão instrumental ao piano. Vou buscar as letras no livrete do disco e passo horas a cantá-la até saber a letra de cor.

It's dreamy weather we're on
You wave your crooked wand
Along an icy pond
With a frozen moon
A murder of silhouette crows I saw...
And the tears on my face
And the skates on the pond they spell Alice

I'll disappear in your name
But you must wait for me
Somewhere across the sea
There's the wreck of a ship
Your hair is like meadow grass on the tide
And the raindrops on my window
And the ice in my drink
Baby, all that I can think of is Alice

Arithmetic arithmetock
I turn the hands back on the clock
How does the ocean rock the boat
How did the razor find my throat
The only strings that hold me here
Are tangled up around the pier

And so a secret kiss
Brings madness with the bliss
And I will think of this
When I'm dead in my grave
Set me adrift and I'm lost over there
But I must be insane
To go skating on your name
And by tracing it twice
I fell through the ice of Alice

Revejo o *Grey Gardens* com muitas interrupções ao longo do dia. Continua sufocante como da primeira vez. A relação daquelas mãe e filha, completamente isoladas do mundo numa mansão em decadência nas East Hamptons, infestada de pulgas e guaxinins. Um retrato cinzento dos privilegiados caídos em desgraça, cheio de arrependimentos, que não me fez nada bem à cabeça. Sinto paralelos com uma certa amargura corrosiva de muitas personagens aristocráticas da minha infância, na casa grande da Estrela. Adormeço, sabendo que não quero voltar a esses sítios.

Portugal em estado de emergência Costa e Marcelo: “Não é uma interrupção da democracia”

19/03/2020

19 de Março de 2020

Dia do Pai. Acordo com uma dor persistente do lado esquerdo do pescoço.

Não vou estar com a Maria Inês hoje, e lembro-me dos Dias do Pai que passei em trabalho nos Estados Unidos com ela em Lisboa, vários anos seguidos. E isso levou-me a ter saudades do *apple strudel* da Neue Gallery, junto ao Central Park, que comemos em conjunto no mês de Agosto.

Abro as janelas bem abertas e encho a casa com as missas do Haydn, o volume bem alto. O sol brilha forte, e é um dia glorioso.

Preparo a minha mistura diária matinal: vitamina C com curcuma e açaí num copo grande. Penso que talvez hoje seja inadiável deslocar-me à loja de conveniência. Água, vinho, *whisky*, *gin*, pasta de dentes, feijão. Pasta de dentes é o mais urgente pois já se torna árduo espremer aquele tubinho. Consigo comprar isto tudo lá. O pão é que é mais complicado, terei de ir a dois sítios, portanto. A Inês deu-me uma máscara, será que a uso hoje finalmente? Como faço as compras sem tocar em nada, nem no homem da loja? Levo luvas? E o espaço é apertado. Se entrar alguém completamente desprotegido enquanto eu lá estiver? Digo-lhe que saia e que só entre quando eu sair? Não devia falar sequer. Penso que ainda tenho pão para dois dias, água posso beber da torneira, ignorando o travo a amoníaco. Tenho ainda meia garrafa de *Tanqueray*, uma de *Herdade Grous* tinto, uma de *Papa Figos* branco e um *Mezcal* demasiado bom que o Rai me ofereceu nos anos. Os dias são estupidamente confusos para pensar em sobriedade.

Li algures que o Fats Navarro dava cabo do Miles e fui investigá-lo. Não sei se aniquila o Miles, mas tem um *swing* tão especial e livre que passei quase o dia inteiro a ouvi-lo.

Revi o *Sombras & Nevoeiro*, da fase bergmaniana do Woody Allen, mas confirmo o mesmo que sentia quando o via na minha adolescente cassete VHS: a fogueira das vaidades daquele *casting* acaba por manchar o resultado, e a Madonna a tentar representar também não ajuda nada. Fiquei com saudades do *Another Woman*, o melhor dele desta fase, mas não sei a quem emprestei esse DVD. A Gena entra-me na cabeça e vou ter de me atirar ao *Love Streams* hoje pela milionésima vez, mas ainda quero dar atenção ao *All That Jazz* que recebi há dias no correio, é a edição da Criterion Collection. Na minha cabeça, esse filme estava sempre a dar na RTP nos anos 80. Esse e o *Victor Victoria*. E muita Liza Minelli. Havia um sério fã de musicais na programação cinéfila estatal durante esses tempos.

A Lúcia pergunta-me pelo meu ânimo e diz-me que tem uns casacos do Manel Reis para mim, que as cores têm a ver comigo. Fico a pensar que cores serão as minhas aos olhos dos outros.

Entretanto, decido comprar as minhas mercearias online.

Falei com a Joana V. sobre os *Lunch Poems* do Frank O'Hara, em particular *The Day Lady Died*.

Por isso, as últimas horas entreguei-as à Billie Holiday. *What A Little Moonlight Can Do.*

20 de Março de 2020

Pela primeira vez, registaram-se ontem zero casos novos em Wuhan, epicentro da epidemia. Declarações do governo chinês nunca inspiram confiança, mas tento focar-me neste leve raio de esperança. Leio também a notícia de que no meio disto tudo o negócio dos cinemas *drive-in*, há muito abandonados, tem vindo a aumentar nos últimos dias. Mais uma vez o apocalipse a proporcionar romance.

O desaparecimento da pasta de dentes torna inevitável a saída à rua em busca de mantimentos.

Saio de máscara e luvas e vou até à loja de conveniência. Mal entro, o funcionário coloca a sua máscara e vou passando para cima do pequeno balcão as coisas de que preciso. Compro pasta de dentes *Colgate*, dois sabonetes *Dove*, champô *Johnson & Johnson*. Marcas que nunca compraria no meu dia-a-dia pré-*bunker*, mas não são dias para esquisitices. Guardanapos, atum, milho para pipocas, três garrafas de *Papa Figos* e uma de *Jack Daniels*, o *whisky* preferido do Sinatra. Um garrafão de cinco litros de água *Penacova* (já não há *Fastio*) e um sumo *tutti-frutti* da *Compal* para a Maria Inês. Comprei de um litro em vez de pacotinhos pequenos pois em conversa com ela, há dias, percebemos que sempre se usava menos plástico desta forma. O senhor faz-me desconto em todos os produtos. Falamos sempre em inglês. Senti-nos mais próximos neste processo, mas continuo sem saber o nome dele.

Na caixa do correio tinha dois DVD à minha espera, *Un Chien Andalou* e *Vestida Para Matar*. Desinfecto tudo e coloco os filmes na pilha dos que estão por ver.

Vejo o concerto do Tomás em directo no Instagram. Embora não apareça na imagem, sorrio ao perceber que a gestão das luzes de fundo é da namorada, Marie, que partilha quarentena com ele e ainda com o pachorrento cão *Emílio*, que responde apenas a comandos em alemão.

Instalo o Mubi e a HBO. Vejo as primeiras três temporadas da série *Girls* de rajada, a conselho da Joana B. Tentei ver esta série na altura em que era novidade, mas estava tão envolvido numa fase Fassbinder que achei aquilo tudo muito frívolo, uma espécie de *Sexo e a Cidade Next Generation*. Mas não. Há uma parte ali que é um pouco isso, mas com uma escrita bem superior e uma lente realista em que não tinha reparado na minha fugaz incursão há uns largos anos. Desta vez mergulhei nisto a fundo como uma viagem no tempo aos meus próprios vinte anos. Hannah, a personagem principal, faz-me lembrar muito a minha namorada Ana do final dos anos 1990 e reencontro muita coisa dessa fase na relação dela com o Adam, que começa por ser uma personagem execrável para se revelar um dos mais puros da série. Dois corações de artista a tentarem encontrar um lugar possível na realidade e a fazer essa viagem em conjunto, amparando as quedas um do outro. Penso muito nas escolhas que eu e a Ana fizemos naquela altura e como será sempre uma das pessoas mais importantes da minha vida, por mais que nos tenhamos distanciado. Penso nos amigos que nunca mais vimos e nas festas que fazíamos e nas nossas discussões de vida ou morte e de como nos afastámos quando ela foi para Berlim e em como conseguimos voltar a ser amigos à prova de bala, anos depois, nessa mesma cidade. Quando se ama a sério uma vez, ama-se sempre.

/

RUI SILVEIRA

13 de Março de 2020

Hoje voltou a sair o sol, mas eu ainda não saí de casa, nem sei se o farei. Tenho de reservar as salas para as reuniões do labdoc, do projecto *Intimités*, e o estúdio de montagem. Também vou preparar textos, mandar e-mails e fazer telefonemas. Enfim, muitas pontas soltas a não esquecer.

Afazeres:

• Esperar resposta Isabel — École des médias;

• Sala labdoc para 26 de Março;

• Sala Intimités para 24 de Março;

• Publicar alteração de data no Facebook — Escrever ao Gilles e à Diane;

• *Choisir gabarit site web Intimité — faire un top 3 et partager avec Marjolaine — communiquer à Jonathan du* GRISQ;

• *Créer compte* Vimeo *et* Gmail — *Projet Intimités;*

• Ligar à Élodie — *VidéoMédia — trois bobines super 8 sur mon bureau.*

Está tudo em pé de guerra por causa do corona, porque já chegou a todo o lado e foi ontem considerado pandemia. A última tinha sido a H1N1 em 2009, mas desta vez parece mais grave. A minha irmã vai com a criança para Campo Maior, mesmo sabendo que a minha mãe está mais exposta à infecção por atender na farmácia. Diz que em Lisboa está igualmente vulnerável porque o Filipe trabalha num bar e que, por isso, vai dar ao mesmo, se não for ainda pior. Espero que a minha mãe se esteja a proteger bem. O que lhes vale é que ainda não há casos de infectados no Alentejo. Vou ver o telejornal como já fiz ontem. Faz-me sentir mais próximo. A Angela Merkel diz que o vírus vai infectar 70 % da população alemã.

A Anne Gabrielle e eu decidimos encontrar-nos à mesma, só que em vez de irmos para a faculdade vamos para casa dela. Não temos sintomas e assim avançamos com a segunda versão da montagem da curta do Julien B. Entretanto ligou a Alison que precisa de um operador de câmara para umas filmagens que vai fazer na segunda-feira. Disse que sim, mas se isto continuar assim, segunda-feira deve ser tudo anulado.

14 de Março de 2020

Hoje está sol de novo. A neve já começou a derreter, só faltam as ruelas e o lado sombrio das ruas a oeste. Parece que este ano temos uma Primavera antecipada para compensar as outras crises.

Sonhei com a avó Mila, o que é raro, andávamos à procura da máquina de costura. Deve ser porque preciso de coser as minhas calças novas que já se abriram debaixo das pernas. Como é recorrente, o sonho passava-se numa casa complexa com andares e meios andares, recantos e janelas habitáveis, camas enormes e pessoas desconhecidas, como se fosse a nossa casa de Campo Maior e ao mesmo tempo um hotel antigo. Tenho evitado levar as calças a arranjar aqui ao lado porque me convenço de que sou capaz de o fazer, mas sem máquina de costura é mais difícil.

A montagem com a Anne Gabrielle correu muito bem. Fizemos bem em nos encontrarmos pessoalmente porque ela vai para a Florida de férias, isto é, se tudo correr como planeado. De qualquer forma, ela tem um plano B que é ir para o *chalet* de família nas Laurentides até ao final do mês. Conseguimos reconstruir a sequência a partir das anotações e ficámos com uma segunda versão de 11 minutos. A duração final será mais ou menos essa porque, mesmo se cortarmos mais, falta acrescentar a introdução e o genérico. Afinal vou fazer a introdução a partir de *capture screens* e terá pelo menos trinta segundos, talvez um minuto. Por falar nisso, é uma das coisas que poderei facilmente fazer em casa durante a quarentena. Tenho de montar excertos sonoros da net, em que o Julien B. se apresenta ou de pessoas que o apresentam em espectáculos ao vivo e em *podcasts*.

Foi anunciado pelas autoridades do Quebeque e do Canadá que vai estar tudo fechado, pelo menos, nos próximos 15 dias. Escolas e tudo; estou interdito de ir à faculdade. Se calhar vai mesmo ser um mês, como em Portugal, ou quem sabe se mais... Ontem estivemos a pensar nas medidas de contenção a pôr em prática em casa. Temos cá o David e a Marie-Chantal esta semana. O plano é ter os cuidados de higiene recomendados: lavar superfícies com desinfectante, lavar as mãos com frequência e assim que se chegue da rua. Por causa do medicamento da esclerose múltipla que é imunossupressor, o Guillaume faz parte da população de risco, mas pelo menos não tem historial de doenças respiratórias como a minha mãe.

Bom, sábado de manhã: regar as plantas!

Já está. Meti a planta com reflexos metálicos num vaso porque me parece que já tem raízes suficientes para pegar se for deixada ao sol. Vamos ver. Se ficar uma planta bonita, posso replicá-la na casa inteira, uma em cada janela. A planta que trouxe da floresta no ano passado, que cresce nas margens do charco do *chalet* do Julien C., também está quase pronta para ir para a terra do quintal. Acho que foram os pais dele que a plantaram e apesar de não ser nativa da floresta é uma durona, porque fica durante meses debaixo da neve e volta à vida na Primavera. Se sobrevive no solo da floresta é porque não precisa de muito sol directo e, se resultar aqui, vai fazer um bonito tapete verde nos canteiros.

15h — O Guillaume ficou com o carro avariado na auto-estrada e esqueceu-se de levar a carteira. Tenho de ir lá salvá-lo. Que má ideia, sair logo hoje que anda tudo louco às compras para a quarentena.

15 de Março de 2020

Se hoje chovesse nevava e, contudo, está um belo dia de sol. Não sabemos onde foram o David e a Marie-Chantal. Eu recebo e-mails de trabalho mesmo sendo domingo. Disse que podia ir filmar os extras do DVD do filme da Alison no terraço da faculdade de Física da Universidade McGill, mas o governo já anunciou que as escolas fecham amanhã. Não sei como pensam entrar. Vou ter de confirmar nas próximas horas, mas estou muito indeciso. Se anular, ela terá de arranjar alguém que me substitua à última hora. Nunca devia ter aceite. O risco maior das filmagens até será estar ao sol durante várias horas, o que é óptimo para chocar vírus. Aceitar ou recusar?

Estou a tentar não trabalhar no domingo, mas os dias de semana agora serão diferentes. Se for para estarmos em casa o máximo de tempo possível bem que podemos inventar ocupações domésticas. Vou fazer os macramés para pendurar as plantas em frente às janelas e uma sobre o balcão da cozinha. Também vou poder finalmente avançar com os meus *récits de pratique* da tese. Estou a descrever o período de filmagens do filme a partir do diário e das imagens que filmei. Há muita coisa que não entrou e que pode ajudar a esclarecer algumas das minhas escolhas para depois fazer a análise. O único senão é que as minhas notas do diário não são tão exaustivas quanto desejaria; há muitas lacunas, mas nunca poderia imaginar que viria a precisar delas, porque me inscrevi no doutoramento depois disso. Contudo, até agora tem corrido bem. Vou no dia em que filmei o grupo do primo Paulo na garagem grande do vizinho. Já foi há 5 anos! Quando terminar as descrições haverá uma segunda fase de escrita em que vou acrescentar uma camada subjectiva com as minhas dúvidas, motivações, preconceitos e decisões. Enfim, isto tudo para poder identificar e fazer a análise dos «momentos decisivos» do meu processo de criação. É a partir dessa análise que poderei, então, escrever o capítulo da tese.

Pronto, cancelei! Parece que têm a certeza de poder entrar na universidade mesmo se estiver tudo fechado para os alunos. Ela diz que compreende a minha decisão, não parecia nada chateada comigo, deve ser uma querida. Tenho pena de não poder ir, mas se o Guillaume é mais vulnerável ao vírus então temos de seguir o isolamento à risca. Estou à espera de que o Nicolas me diga se me pode substituir.

16 de Março de 2020

Hoje está um sol radioso e só apetece ir passear. Na verdade até podemos, porque o ar livre é seguro, mas já é segunda-feira e tenho de voltar aos meus *récits de pratique*. Penso que ontem fui o primeiro da equipa de dez pessoas a cancelar, com o argumento do Guillaume tomar medicação imunossupressora. O Nicolas não me podia substituir, mas hoje já recebi uma mensagem a dizer que foi tudo cancelado, não por minha causa, mas porque outros manifestaram reservas e a própria Alison deve ter pensado duas vezes, disse-me que vive com a mãe.

O David e a Marie-Chantal já partem hoje, ela para Quebeque e ele para casa de outro amigo que não é tão vulnerável como o Guillaume. Eu acho que o David também devia ir para casa com ela porque é asmático, mas diz que as reuniões do teatro ainda não foram anuladas.

Ontem lá comecei a fazer o macramé e avancei pelo menos três horas. Faltam mais umas quantas para acabar o primeiro e tem sido uma boa ocupação de tempo para descansar os olhos dos ecrãs.

Afazeres pós-covid-19:

• *Récit de pratique.*

• *De la ferme à l'assiette* — responder ao e-mail para anular a reunião de quarta-feira — ver o que se pode fazer entretanto — talvez uma reunião por Skype.

• E-mail a Diane — tenho comigo os discos externos do filme da moderadora de conteúdos do Facebook.

• Design do site *Intimités* — ver se conseguimos arrancar à distância.

• *VidéoMédia* — ver se posso fazer as digitalizações a partir de casa, apesar de duvidar que o François aceite. Talvez seja melhor ligar para ver se posso faltar esta primeira semana — não sei que prazos têm.

Bom, a coisa positiva é que posso finalmente pôr a tese como prioridade primeira! Vamos a isso.

17 de Março de 2020

Logo hoje que vou ter de sair para ir à *VidéoMédia* é que está a nevar. Vou de Communauto com imenso cuidado para não tocar na cara e tenho de lavar as mãos assim que lá chegue. Vou fazer a digitalização das fotos do arquivo da CSN sozinho, a partir das 16h30. Vou sair de lá tarde; tenho de levar jantar. Pelo menos ficará feito e já não volto lá tão depressa.

O Guillaume foi agora tratar do carro que deu o berro e não há nada a fazer. Só nos durou dois meses. Enfim, podia ser pior... Vamos ter de anular o seguro e as vinhetas de estacionamento. O que nos vale é que a Gabrielle diz que nos devolve 800 dólares, o que quer dizer que só nos terá custado 200 dólares, o resto foram despesas de mecânico e assim. Pelo menos experimentámos e deu para perceber que nos faz falta um carro. Vamos avaliar outras opções.

Temos a sorte de ter os *links* de todas as curtas do Festival *Regards*. O Guillaume vai organizar um grupo de estudantes com uma colega para um programa de jovens programadores que será realizado online. Está em competição o filme *Sagrada Família* de uma realizadora portuguesa, Margarida Lucas. Não sei quem é, mas o filme tem muita piada. Ainda temos imensas curtas para ver nos próximos dias. Também tenho o último do Carlos Reygadas para ver e uma lista de espera enorme no Criterion Channel. Filmes não faltam.

Por agora, o desafio é encontrar a concentração necessária para trabalhar. Tentar não passar o dia a ver telejornais em várias línguas. Comer bem! Depois de amanhã já chega a encomenda de supermercado online. Penso que dá para fazer o *login* e alterar ou adicionar produtos até ao dia anterior à entrega. Tenho de ir ver. Já acabei o primeiro macramé que deve ter levado umas boas cinco horas, o que é menos do que esperava. Os próximos serão ainda mais rápidos, contudo, não sei se tenho tudo o que preciso para os pendurar, mas pelo menos ficam feitos.

Falei agora com o meu pai, que está a tomar conta da minha avó. Mesmo assim, são quatro filhos e uma empregada a dias a entrar e sair de casa. A mim parece-me muita gente, muito risco de infecção, mas enfim, ainda não há casos em Campo Maior. Claro que não vai haver Festa das Flores este ano! Vamos ver se mesmo assim valerá a pena mostrar o filme em Campo Maior em Agosto. Será que posso ir lá no Verão? Dizem que isto dura pelo menos até Julho.

O Guillaume já voltou da sucata. Parece que os 300 dólares da matrícula vão ser reembolsados. Menos mal. Com os 800 dólares da Gabrielle são 1200 dólares que voltam a entrar. É o tipo de «erro» que enerva porque, por um lado, não precisávamos de carro, mas como foi de tão fácil acesso e barato cedemos à pressão de experimentar.

7455 mortos — x

186 518 infectados — 100

x = 4 % dos infectados morrem!

18 de Março de 2020

Hoje o Guillaume acordou-me às 8h30, irrequieto e sem conseguir adormecer. Já deve ser a ansiedade da clausura a manifestar-se. Contudo, está sol e eu sinto-me bem. Hoje vai ser o décimo dia sem pôr um pé na rua.

Amanhã temos a entrega do supermercado.

Ligar ao pai!

O dia passou-se sem grandes ocorrências. Já comecei a preparar três macramés novos, dois para as plantas da casa e um para a minha irmã que vou enviar por correio. Ela diz que tem medo de ficar louca com a clausura, porque, além do estado de emergência que o presidente da República declarou hoje, ela já leva quase quatro meses de licença de maternidade em cima. Coitadinha. Espero que o Filipe a ajude e que esteja atento. Ela diz que agora não consegue dormir no quarto ao lado, para ter pelo menos uma noite de sono completa, porque o Filipe acorda tipo *zombie* e ela tem medo que deixe cair o bebé.

19 de Março de 2020

Dia do Pai! Vou ligar, mas antes tomar café e preparar o dia. Não há quase nenhum e-mail para responder, só da Diane que me pede para avisar os membros do labdoc que as actividades foram anuladas por causa do corona.

Já estou a preparar os documentos para enviar ao contabilista. Este ano já estou mais próximo de ultrapassar o escalão de isenção de trabalhador independente. Espero que se isso acontecer não tenha más notícias nem impactos importantes para o próximo ano. Vou agora reunir a papelada.

O meu pai não atende e começo a perguntar-me se está tudo bem. A minha mãe também ainda não se manifestou hoje no Messenger, o que

Com um pai em teletrabalho, o outro não recebe apoio aos filhos.

19/03/2020

é raro, porque pelo menos para ter notícias do bebé costuma escrever. Parece-me que a angústia do momento se começa a projectar nos próximos meses: a consciência dos possíveis impactos da pandemia, tanto a nível pessoal como social, a crise económica que vai causar, a perda de seres queridos que paira ainda muito leve sobre todos e, claro, o medo de morrer, que se consegue tão bem ignorar quando não passa de uma abstracção, mas que faz tremer quando se apresenta como possibilidade realista.

Ontem vi finalmente o *Border*, do Ali Abbasi, e fascinou-me a ligação que os personagens tinham com os outros animais, o lado selvagem e a ligação à terra tão forte que têm, o caminhar descalços na floresta, hipersensíveis ao som e ao odor e à luz. Também mostra uma sexualidade muito original, de uma forma bastante pornográfica e super *post-gender*. Muito bom.

20 de Março de 2020

A noite passada dormi muito bem. Quem me dera que fosse sempre assim, dormir bem e acordar sem despertador. Hoje está nublado e mais quente (10°C), o que é excepcional para esta altura do ano. Devia estar ainda a nevar de vez em quando, até ao final de Abril, e em vez disso já está tudo a derreter. No quintal das traseiras o terreno está encharcado e a água não tem para onde ir, não é absorvida. Se calhar é porque a terra ainda está congelada no subsolo.

Chegaram as leituras da quarentena por correio: *Humankind*, do Timothy Morton, e *The Force of Non-Violence*, da Judith Butler. Acho que vou começar por ela, porque estou muito curioso.

Já me escreveram do Wapikoni Mobile para enviar os meus dados, número de segurança social e disponibilidades para o Verão (entre Junho e Novembro, na verdade). Um pouco difícil de prever, mas como ainda acho que é possível ir a Portugal em Agosto e talvez volte em meados de Setembro, dei os meses por ordem de preferência assim: Junho, Julho, Outubro e Novembro. Espero que não me enviem para escalas demasiado longínquas, como Yukon ou Territórios do Noroeste. Também espero que a questão da covid já esteja controlada nessa altura, porque mesmo que não envolva sair do país, é viajar para comunidades autóctones isoladas e que são muito provavelmente consideradas de risco. Mas isso eles saberão melhor do que eu. Vamos ver o que acontece.

O Guillaume lá continua a ver as curtas-metragens do *Regards* porque às 15h00 tem a primeira reunião com os alunos. Eu já respondi aos e-mails todos, fiz uma salada de grão e atum com os grãos que deixei ontem de molho. Esta tarde vou cozinhar as almôndegas que também preparei ontem. Estou feito uma fada do lar.

21 de Março de 2020

Já reguei as plantas que estão todas lindas. Afinal tenho um polegar verde. Comecei a ter mais atenção à rega e misturo, de vez em quando, fertilizante na água. Também andei a ver onde elas gostam mais de estar, porque algumas não querem sol directo. O tempo está muito instável: ontem 14ºC e hoje -4ºC. As temperaturas positivas voltam amanhã. Está, no entanto, um lindo dia de sol e é sábado, o que nos dá uma boa sensação de descanso e calma. Hoje ainda não olhei para o telemóvel nem para o computador. Comecei o dia a ler e a beber café no *lazy boy* da sala para aproveitar o sol.

Diz a Butler, que, para se conseguir melhor definir o que é a violência ou a não-violência, não se pode ignorar o facto de sermos seres sociais, claro. «Relationality» tem de ser tida em causa quando a questão de «*right thing to do*» é posta: «*That task is never exclusively reflexive, that is, dependent on my relation to myself alone*» (Butler, 2020: 10). Isto fez-me olhar para os *récits de pratique* de forma diferente. Não tenho apenas de tentar identificar onde está a minha presença, mas de ver como ela se posiciona em relação aos outros. Onde está e como se exprime a minha presença no filme *Os Olhos do meu Amor*?

- no olhar (a minha sensibilidade artística, enquadramento);
- na intenção artística (o que pretendia em termos de conteúdo — como? — filme de observação);
- na relação com o equipamento (a mediação da tecnologia e os meios de que dispunha);
- na relação com os personagens (como estabeleci contactos, as filmagens, etc.);
- na relação com Campo Maior — onde nasci e cresci;
- na relação com a comunidade artística (e comunidade académica) em que me insiro;
- na relação com o espectador (muito presente na parte da montagem, por exemplo);

• na relação com as expectativas dos outros (do meu pai, dos outros membros da equipa e das pessoas que participaram);

• na relação com a indústria cinematográfica (a falta de apoio e as vantagens da universidade);

• na relação com os estados emocionais que a festa promove: orgulho, camaradagem, amor ao próximo, vivência em comunidade, cooperação, união, etc.

• na relação com conceitos ou ideias abstractas motivadas por noções de distância, por exemplo, o estar longe de Portugal e a saudade. Quando lá vivia, a minha rua nunca se engalanava porque é mais uma estrada de acesso à vila que uma rua. Acabava por participar muito pouco no processo criativo das festas. Fazia flores para as ruas das avós, mas não estava no centro da acção. Agora, a saudade motivou a minha participação com recurso a um *skill* (fazer filmes) que desenvolvi fora da comunidade, depois de ter ido estudar para Lisboa. Na verdade, o querer estar presente na Festa das Flores deve estar relacionado com o facto de ter estado quase um ano e meio sem voltar a Portugal. Até que ponto é que o facto de ter partido me aproximou das minhas raízes, como todo o bom imigrante? Isto poderá entrar na parte das motivações.

Penso que ainda me falta fazer bastante pesquisa sobre a noção de presença e ausência na literatura, no cinema e na academia. Coisa a fazer em breve para ter em mente quando acabar os *récits de pratique* e tiver de modelizar ou estruturar esse capítulo da tese.

Esta semana já vou avançar com a introdução da curta-metragem com o Julien B. Preciso de som com gente que o apresenta. A imagem terá capturas de ecrã ou ecrã filmado (tenho de fazer testes) a começar com uma pesquisa do nome dele no Google, cujos resultados serão os vários projectos em que participa.

O plano de trabalho é o seguinte: fazer uma pesquisa de cada projecto e tentar ter três exemplos de imagem e de som para cada. Classificar tudo para a montagem. Duração estimada de 30 segundos. 30s/3 = 10 imagens de 3 segundos cada, aproximadamente, porque temos pelo menos dez projectos. A menos que me concentre sobre os dez mais relevantes. De qualquer forma estes cálculos são apenas para me dar uma ideia do que é preciso procurar.

Enfim, uma coisa de cada vez. Cortei o meu próprio cabelo e pareço o Kramer do *Seinfeld*. Agora vou fazer sopa.

/

PEDRO MARQUES LOPES

14 de Março de 2020

A minha espécie de profissão é tentar perceber coisas e depois contar. Não é perceber tudo, é só quase tudo, portanto não se enganem chamando-me tudólogo. Assim sendo, apresento-me: Pedro Marques Lopes quasetudólogo, para o servir.

Tão perto e tão longe. O que me separa de ser um iminente tudólogo, esse topo de carreira, é, entre outras pequenas coisas, não perceber as pessoas que não acreditam na sorte e no azar. Há, portanto, uma explicação racional para eu ter nascido tão bonito, tão inteligente e poder comer papas de sarrabulho e rojões a toda a hora e permanecer magro e esbelto. Outra, para eu ter feito um *putt* extraordinário que, entrando a bola, me faria ganhar o torneio de pais e filhos e ficar para sempre no coração das minhas crias, e a ordinária ter dado três voltas ao buraco e ficado a rir-se para mim em cima da relva (explicações sobre a magnífica actividade que é o golfe disponível nos sites da especialidade) — os meus filhos odeiam-me desde esse dia.

Não percebo mesmo essas pessoas. Aquelas que se riem das outras que vão às bruxas ou têm superstições. Mas será que há alguma coisa mais racional do que a superstição? A superstição ou as bruxas ou as mezinhas, ou as infinitas coisas do género, são a nossa forma de combater o que nos foge à compreensão. Melhor, o que nunca terá explicação. O que mil milhões de livros, geniais cientistas ou até o José Rodrigues dos Santos nunca conseguirão explicar. O vermelho em vez do preto, a bola que vai à trave, o filho que fica doente. Dir-me-ão: «Ó meu grande asno, quando não sabíamos que comer ao almoço e ao jantar caril muito picante dava hemorróidas, também pensávamos que acender uma velinha a São Domingos nos podia ajudar.» «Ah, está bem, então quer-se dizer que se tenho nascido uns anitos depois, os meus filhos iam ter orgulho na nossa vitória no grandioso torneio de golfe para pais e filhos da Costa da Caparica.» Inteligentes do raio que os parta.

A propósito, isto é um diário. Começa no dia em que, aí pelo meio-dia, me ligou um amigo, com quem jantei no dia 9, para informar que estava infectado pela covid-19.

Lembrei-me da sorte que tenho tido. De ter nascido meio enfermiço, mas de ter chegado aos 53 anos razoavelmente saudável e, apesar de ter sido obrigado a jogar várias vezes na roleta russa das doenças, ter apanhado sempre a câmara vazia. Hoje, isso parece-me a maior sorte (cruzes canhoto e todas as forças deste e dos outros mundos me protejam), mas tenho tido sempre muita no deve e haver da vida.

Depois de me ter tentado acalmar com a lembrança da fortuna que tenho tido, fiz o que tinha a fazer: liguei às pessoas com quem tive contacto desde segunda-feira, medi a temperatura e dei um berro para o meu companheiro de residência, o meu filho Domingos: «Vegano, estamos de quarentena.» Ouvi uns sussurros e, passados uns dez minutos, a porta da rua a bater. Passados cinco minutos respondeu-me, não foi ele que saiu de casa, portanto.

Levantei-me e medi a temperatura outra vez: 35,8ºC. A mesma de há 37 segundos. Comecei logo com os sintomas que agora todos conhecemos. A tosse que não tinha apareceu, a falta de ar que tenho desde que nasci e que me leva a que só tenha corrido 40 quilómetros nos últimos quatro dias apertou-me o peito e medi a febre de novo: 35,7ºC.

Ligeiramente mais calmo (no momento em que escrevo já estou mais nervoso, pois a minha temperatura subiu para 35,9ºC), falei com a minha irmã e com a minha namorada. A minha irmã trouxe-me coisas inúteis, mas divertidas; a minha namorada coisas essenciais, mas aborrecidas. Aliás, e como é sabido, as coisas úteis são sempre bastante enfadonhas. Para que conste, a bem da verdade e da minha saúde presente e futura, aborrecidas, enfadonhas e chatas não são epítetos que possam ser colocados a estas duas senhoras. A uma o nervosismo dá-lhe para o disparate, à outra converte-a num sargento alemão.

Quando estava a definir com o Mingos a utilização dos copos, pratos e assim, resolvi dar dez minutos de descanso ao badalo do telemóvel. Teve mesmo de ser. De há uns dias a esta parte a quantidade de mensagens disparou para números estratosféricos. Num dos grupos de WhatsApp com uns primos, de nome «PSI Deep peida very nice», quando dei por ela tinha 1298 mensagens não lidas.

Eu faço questão de tentar responder a tudo. Estamos todos cheios de medo e aquela sensação de sentir uma pessoa do outro lado é das poucas coisas que ainda confortam. Ligar às pessoas que conhecemos e que sabemos que estão mais sozinhas do que nós é o mínimo que podemos fazer. Eu sei disso muito bem. Se ontem estava com muito medo, hoje estou mais.

Vou disfarçando com piadolas, lavando a loiça, destruindo a casa com lixívia e escrevendo isto.

São 18h16, acho que estou porreiro apesar de a minha temperatura ser 36ºC. Amanhã, começo por aqui e conto se consigo convencer o meu rapaz a fazer ginástica no terraço (é grande, não há problema) e falo de uns lindos morangos que tenho no canteiro.

15 de Março de 2020

Estou porreiro. Continuo a ver a febre de quinze em quinze segundos, mas, que Toutatis e todos os deuses me protejam, estou de boa saúde.

Isto de escrever um diário sempre fechado em casa, ainda para mais de quarentena, é estranho. Mais estranho é eu estar a estranhar tanto isso. Grande parte do meu trabalho é feito em casa, passo muitos dias sem pôr o pé fora da porta e agora até ao supermercado tenho uma vontade louca de ir. Eu sei, eu sei, não há quem não saiba que só se quer aquilo que não se tem e que a limitação da liberdade é que nos mostra o seu valor e viva a Graça Freitas e os médicos e enfermeiros. Viva nós, pronto. Mas que comprar umas gelatinas dez calorias no Continente cá de baixo saber-me-ia pela vida, lá isso sabia.

O medo tem coisas boas, muito boas mesmo. Protege, sobretudo nas circunstâncias que vivemos. Medo, não o pânico que sempre, mas sempre, leva a comportamentos cretinos. O medo ajuda a defender a comunidade e o indivíduo, o pânico é egoísta e irracional. O medo obriga-nos a lavar as mãos e a ficar em casa, o pânico açambarca papel higiénico.

Ontem, quando acabei de escrever este diário, anunciei ao mundo que ia fazer ginástica com o meu filho, meu parceiro de reclusão. Ele não quis. Preferiu continuar naquela fascinante actividade que consiste em dar tiros a uns bonecos no ecrã usando uma talhada de melão electrónica, enquanto insulta outros cidadãos que estão a fazer exactamente a mesma coisa noutros lugares do universo. Ao mesmo tempo, está a ver um vídeo qualquer no iPad e manda mensagens no telemóvel. Têm muita razão os que dizem que esta geração é a mais qualificada de sempre. Mais, aquilo prova que a espécie se está a aprimorar. Cá para mim, daqui a meia dúzia de gerações, os rapazes e as raparigas vão nascer com mais dois braços e outra cabeça, não é possível tanta actividade com tão poucos membros. Isto, claro, se se reproduzirem, é que o tempo não chega para tudo e dá-me ideia de que esta rapaziada prefere matar monstros num computador a uma bela troca de fluidos. Aliás, talvez não fosse má ideia mais uma mão.

Assim sendo, pus-me a ver uma série muito mazita que me tinha sido pintada como genial. São uns rapazes que andam em *Harley-Davidsons*, vendem espingardas, pistolas e assim numa terreola no meio do nada e são liderados pelo Salvatore do *Nome da Rosa*. Não consegui ver muito daquilo. Ver uns tipos vestidos de anedota a fazer parvoíces vá que não vá, mas assistir ao Salvatore e a sua malota (tradução para sulistas: corcunda) a falar americano e a armar-se em mau da fita deu cabo de mim.

Ia desligar a televisão, mas passei pela SIC Notícias. Veio-me logo a tosse e a falta de ar. Não entrei de imediato em hiperventilação porque a Dalida começou a cantar *Caramels, Bonbons et Chocolats* e desde que me conheço que a coisa, digamos, sempre entusiasmou certas partes do meu corpo. Mas mal acabou a música e o senhor da televisão falou do bicho, a minha masculinidade recolheu aos balneários e foi como se os Muse estivessem a dar um concerto na minha sala e a primeira parte estivesse a cargo dos Kajagoogoo.

Para terminar as referências musicais devo dizer que aqui paro para explicar uma coisa (Sérgio Godinho, *Canto da Boca*, e agora ouça outra vez o álbum todo, que há muito tempo que não o faz, e descubra o tema de que tão inopinadamente, mas de forma muito oportuna me lembrei): recordo que estou de quarentena e ainda não sei se tenho o vírus ou não.

Acreditem, não é uma coisa simpática. Dá uns nervos esquisitos, faz-nos fazer coisas estranhas como estar sempre a telefonar aos filhos (inclusive ao que está cá em casa) e aos pais, fazer promessas, pensar nos disparates que fizemos e mais umas coisas que não vêm à conversa. Porra, isto é um canto, não é um lamento (pumba, enganei-vos, mais umas palavrinhas do patrocinador Godinho). Como ia dizendo, estava eu com os sintomas todos, já pronto a telefonar para o SNS24 quando vi um *Xanax* com o dedinho estendido a olhar para mim — «anda cá». Pensei cá para mim, «mal não pode fazer». Não é que me passou logo a tosse e a falta de ar?

Recostei-me outra vez no sofá, pus o *Padrinho III* só para ouvir o Andy Garcia a dizer «Joey... Zazaaaa» e só acordei às três da manhã, estremunhado, a pensar que tinha de lavar roupa e que não faço ideia de como isso se faz.

Fui ao terraço, olhei para o canteiro e vi os meus morangos que estão a mudar de cor, ouvi uns barulhos de amor e achei o mundo uma coisa porreira.

16 de Março de 2020

Toma-se banho demasiadas vezes, sobretudo eu. Passar-me por água e sabão só não é um sacrifício depois de ter corrido uns quilómetros ou feito uns espectaculares exercícios de musculação. Como não é coisa que faça em casa, o meu quarto de banho é mais utilizado para outras actividades, cortar o cabelo e assim.

Sabendo que estou fechado em casa, que tenho de ser eu a limpar a minha casa, que tenho de lavar a louça, que não tenho ninguém que me lave a roupa, mas, mais do que tudo, sendo um rapaz que mantém um odor corporal espectacular sem precisar de muito asseio, estou há três dias sem tomar banho. Melhor, estava. O meu filho entrou-me pelo escritório adentro com a *t-shirt* a tapar o nariz, seguindo as melhores práticas do momento que atravessamos, e pediu-me, melhor, exigiu-me que fossemos para o terraço fazer exercício. Fiquei todo contente. Para a vontade que tinha mostrado não o achei particularmente empenhado, mas eu fiz questão de lhe mostrar a minha forma. Mal me viu com um bocadinho de suor disse-me: «Pronto, agora já podes tomar banho.» Retirou-se e retomou a actividade de matar terroristas no ecrã. Tomei a banhoca, pronto.

O dia até estava a correr bem. Antes da ginástica tinha falado com alguns amigos ao telefone. Um deles leu-me as primeiras páginas do livro que está a escrever e com outro estive a intrigar sobre futebol. Falei com os meus pais, que estão exilados no Alentejo, com os meus dois filhos que não estão comigo, com a minha irmã, com a minha namorada e troquei mil mensagens. Falei de tudo, menos de política, que é coisa que consome boa parte da minha vida. Não consigo. Sinto-me absolutamente incapaz de julgar quem nesta altura tem a responsabilidade de conduzir a comunidade. Nem consigo balbuciar um mero «acho que». Pensar que há alguém que tem a tarefa de tomar decisões como as que têm sido tomadas, e as que ainda vêm pelo caminho, leva-me a acreditar que nunca lhes agradecerei o suficiente. Depois de passarmos este pesadelo, todas as decisões políticas serão de *lana caprina*.

Claro está que o medo se sente no momento e a memória é curta. Acho que só acharei que tudo voltou ao normal quando insultar um dos heróis desta guerra, e cheira-me que, por momentos, esse rapaz ou rapariga vão ficar contentes por essa altura chegar.

Depois das chamadas, fiz duas máquinas de roupa, limpei a cozinha com lava-tudo e andei a desinfectar (acho eu) pela milionésima vez os puxadores das portas, o teclado, o rato, os comandos da televisão e o que me apareceu pela frente. Sabendo que ninguém entra nesta casa há uns dias, talvez esteja a exagerar um bocadinho. Mas a ansiedade tem-me pregado muitas partidas e aqui pego na parte lá de cima em que dizia que o dia até estava a correr bem.

Estava mesmo, só que liguei a televisão e atendi o meu amigo que me atirou para a quarentena, o tal que está infectado e com quem jantei há uma semana. Deu-me logo uma dor de garganta, a minha febre subiu para os 35,9ºC (já me dizem que estas febres são impossíveis, mas juro que é o que diz o termómetro), deu-me logo um aperto no peito e a tosse que o meu filho tem há dez dias soou-me logo a problema.

Nem o peixe que fiz para o jantar e comi, com uma salada muito jeitosa, me tirou a maldita ansiedade e o medo (*refeiçoei* sozinho, saravá, juiz Carlos Alexandre, o meu filho é *vegan* e não consegue comer com assassinos). Arrumei a cozinha, lavei-a com lava-tudo, voltei a desinfectar coisas apenas por desinfectar, sentei-me aqui a escrever e tomei um bom e velho *Xanax*. Acho que não vou ver a febre outra vez, mas vou ver uma porra qualquer (35,3ºC, o *Xanax* faz milagres).

17 de Março de 2020

Adoro rádio. Sempre adorei. Um dos primeiros textos que publiquei era sobre a rádio. Dos programas de que me lembrava, dos transístores que fui comprando, das estrelas radiofónicas, do *Simplesmente Maria*, que ouvia com a minha avó, e do que me fui ensinando. Às tantas é por ser velho, mas tenho mais recordações radiofónicas do que de qualquer outro meio de comunicação social.

A rádio é mesmo um sítio especial. Não há nenhum outro *media* que melhor transmita emoções. Quem ouve as palavras é porque as quer mesmo ouvir, a rádio nunca foi o aquário que a televisão é.

Vamos ver se a gente se entende, estou a escrever sobre rádio. Um estúdio onde as pessoas falam e/ou põem música, com um técnico do outro lado a fazer com que o som seja o melhor possível. Gente que tem coisas para dizer, que transmite sensações, vontades, opiniões, seja pela voz, seja pela música. Não confundir com umas coisas parecidas que aparecem no éter em que uns cidadãos carregam nuns botões nuns computadores e dizem mecanicamente os nomes das músicas que os patrões querem promover. Umas coisas sem alma que até me arrepia que lhes chamem rádios. Nada me irrita mais do que ter conversas sobre a rádio e ouvir comentários desprimorosos para o Sala e a Olga Cardoso. Sim, as músicas eram horríveis, as conversas eram parolas, mas era gente a falar connosco, a mostrar o que era. A voz do Sala mostrava o bigode e a camisa azul cueca, a da Olga trazia a laca do cabelo — mas era genuíno, era rádio.

Tenho a sorte de colaborar com uma rádio que é mesmo uma rádio. Onde toda a gente fica histérica se o som não sair impecável, onde as vozes que são a assinatura da rádio são mesmo vozes, em que se escreve o que se lê e quem lê sabe ler. É a minha TSF, a minha casa, é o lugar onde mais gostei de trabalhar na minha vida.

Tenho uma mágoa, porém. Nunca fiz um programa como aqueles que gosto de ouvir. De gente que põe a música de que gosta, que diz o que lhe vai na alma, que casa o que conta com a música que passa.

Ainda não desisti.

Ahhhhh, isto é um diário.

Hoje, acordei, medi a temperatura e esperei pela tosse. Estava tudo bem com a minha saúde. Aninhei-me de novo, ainda trôpego dos químicos que me têm ajudado com a ansiedade, mas estendi o braço para o rádio. Tinha de ouvir a última emissão da Joana Bernardo na Radar. A Radar é a minha outra rádio. Nessa nunca trabalhei, mas era minha. Era, o tempo verbal está certo. A rádio foi sendo destruída e hoje foi, aposto, o fim. Será uma frequência como as outras.

Foi a minha companhia diária, onde eu ia descobrindo música nova, recordava a que já não ouvia há muito. Era, umas vezes acariciado pela Inês, de manhã, e abanado pelo Pedro de tarde; outras o Dr. Ramos beijava-me e a Meneses punha-me a dançar feito doido no meu escritório. Parecia que adivinhavam o que eu queria ouvir. A questão é que eles não adivinhavam, sabiam. Sabiam porque eu os conhecia muito antes de os ter conhecido de carne e osso (a Inês é mais gira, o Ramos é mais feio; a que parece tímida não é, o que aparenta ser espalha-brasas é um maravilhoso tímido): eles já me tinham entrado na alma, o resto é fácil.

A Joana é a filha da Inês Meneses e do Pedro Ramos — ela que me perdoe —, uma filha que cresceu e criou uma voz só dela. Escutei a última emissão da Inês e a do Dr. Ramos (ele não sabia que era, a Joana e a Inês sim), e agora a da Joana. Ouvi as lágrimas de despedida dela enquanto fazia duas máquinas de roupa. Nunca se desfez, mas eu conheço os corações dos radialistas. Sei o que sofrem por não sentirem aquele frio na barriga de cada vez que abrem o microfone no início da emissão, das saudades do olhar perdido que fazem quando nos falam, de achar que são uns manobradores de fantoches e que os fios que usam para nos mexer as almas são as suas vozes e as suas músicas.

Estava na louça de ontem quando ela anunciou que era a última hora de emissão na Radar. Deixei os pratos e fui escrever um artigo para o *Jornal de Notícias*. Escrevi centenas de artigos e trabalhei noutras coisas enquanto ouvia a Inês Meneses, não queria deixar de fazer a mesma coisa com a Joana. Saiu mais ou menos. Dei um beijo na rádio, mandei o artigo e pus-me a ouvir o *There Is A Light That Never Goes Out*. O almoço foi feijão com atum e cebola, polvilhado com salsa e meia garrafa de uma zurrapa qualquer que estava na despensa. Depois trabalhei, falei com o meu presidente e repeti os telefonemas da quarentena.

Nós por cá, todos bem.

18 de Março de 2020

Escrevo a seguir a ser decretado o estado de emergência. Só daqui a bocado é que vamos saber que direitos, liberdades e garantias vão ser restringidos. Daqui da minha casa fiquei com a ideia de que as pessoas estavam a cumprir as medidas adequadas e que não tinha havido nenhuma situação em que tivesse sido preciso, sequer, ameaçar com o uso de força para impor uma qualquer conduta. Nem as autoridades o referiram, nem os meios de comunicação o sugeriram, nem as redes sociais se lembraram de fazer circular boatos que apontassem para isso. Terá razão quem o decreta. Não sei, não sei mesmo nada. Melhor, sei que quem me representa sabe, de certeza, muito melhor do que eu, quais devem ser as medidas a tomar. E até há poucos dias achava impossível eu escrever ou dizer isso.

Estava a tentar moderar os meus níveis de ansiedade, mas apareceu isto do estado de emergência. Para piorar, o canal de televisão para que trabalho quer que eu diga umas coisas sobre o assunto. Desde casa, claro. Lá tive de ligar a televisão, consultar a *net* e alinhavar umas ideias. Nunca sofri para falar na televisão, já tomei ansiolíticos para fazer tudo menos para entrar num estúdio. Comparar dizer coisas na televisão com escrever ou fazer rádio é de rir às gargalhadas. Na televisão temos imensas muletas, esgares, gestos, coceiras, olhares, roupas, falta de roupas e mais umas mil coisas. Na rádio, naquilo que eu faço, só conta a voz, só conta o que se diz e como se diz. Na escrita ainda é pior, não se pode voltar atrás, não há «quer-se dizer», mas há muitas regras e solidão absoluta. Quando tenho de escrever, os meus nervos começam dois dias antes.

Desta vez, estou nervoso. Que tenho eu para dizer quando o mundo está a colapsar? Pouco ou nada.

Apetecia-me contar às pessoas que o meu tio Zé Agostinho é médico pneumologista e, mesmo já estando reformado, ofereceu-se para ir ver os doentes mais velhos que estão infectados em casa; ou contar que a minha sobrinha Luísa, também médica, há pouco chegada de Lesbos, vai com ele. Podia dizer, mas acho que o ecrã podia rebentar com o orgulho que tenho deles.

Entretanto, aqui por casa, foi preciso repor mantimentos. Estando eu de quarentena, lá teve o Mingos de ir ao supermercado. É sempre uma guerra quando tem de ir às compras e não melhorou muito, mesmo nestas circunstâncias. O rapaz é *vegan*. Recusa-se a comprar cadáveres, partes dos ditos e produtos roubados aos animais. Sei o sacrifício que fez, mas comprou-me tudo o que pedi — eu «aveganizei» a coisa, sou um óptimo pai.

Mandei-o de luvas, só usou uma, explicou-me porquê, mas não percebi. Acontece muito entre nós.

Quando chegou com as compras, desinfectei as embalagens, os sítios onde ele tinha tocado quando entrou e mandei-o lavar três vezes as mãos. Também decretei que não se tocava nos produtos por umas horas. Já que estava com a mão na massa, peguei no lava-tudo (acho que já gastei uns cem litros), limpei a cozinha, as casas de banho, os puxadores das portas, janelas e mais o que me apareceu pela frente. O meu filho anda de boca aberta com esta minha febre de limpezas e desinfecções, mas o medo transforma as pessoas, para o mal e para o bem. Talvez ande a exagerar, mas estou permanentemente a limpar coisas, a lavar as mãos e a medir a temperatura.

Tinha eu acabado de desinfectar os comandos da televisão, quando ouço um barulho na minha sala de jantar. Um bater de asas seguido de um barulho, uma e outra vez. Era um melro pequenito que tinha entrado e não conseguia sair, atirava-se contra o vidro com um ímpeto tal que ficava meio atordoado. Quando recuperava, catrapumba outra vez. As portas de vidro estavam escancaradas, só uma é que não, e era exactamente contra essa que o bicho se atirava. Qualquer semelhança deste acontecimento com a minha vida não é uma mera coincidência. Lá consegui empurrar o melro para a porta certa e lá foi ele, espero que em melhor forma do que a que eu costumo ficar quando me acontece o mesmo.

Com tanta limpeza e *stress* não tive tempo para tomar banho nem fazer ginástica. Amanhã trato disso. Fiz um bifito a cavalo e uma salada, e, claro, tive de comer sozinho. Agora, vou vestir uma camisa para falar na televisão, já pus uns livros giros por trás de mim para mostrar que sou superculto e tudo.

19 de Março de 2020

Parabéns para mim, parabéns para mim, parabéns para mim, tenho três filhos e só um se lembrou neste dia de mim.

Anda aqui um gajo a fazer figura de urso para ganhar a vida, a dar mesadas a marmanjos que já estão a ficar carecas e nem um «feliz Dia do Pai». Safou-se a velha Pata, que tem no bilhete de identidade Marta, nome fictício para enganar o registo, que me ligou e me fez cócegas na alma. A tosse e a febre é que não lhe passam, raios parta.

Já os gajos...

— Olá, Domingos, bom dia.

— Hum, bom dia. Ainda há bebida de aveia?

— Não, mas teremos champanhe ao jantar. Ligamos aos teus irmãos e fazemos um brinde.

— Alguém faz anos? Porra, comemorar aniversários nestes dias é de doidos. Já se sabe, anos e anos a comer cadáveres tinha de dar nisto.

— Deixa. Vou só ali contribuir para o fundo de apoio à preservação das touradas e batidas às raposas e já venho.

Virei-lhe as costas que devia ter virado à mãe dele no momento que a gente sabe.

— Tãooooooooo, tudo jóia. Então, a tua namorada já telefonou ao pai?

— Olá, pai. A Chrisanti foi para Londres, não está comigo. Mas não há problema nenhum com o pai dela, tirando aquela maçada de ser cipriota.

— He he he, pois. E aquela peça sobre aquele pai e o filho que vimos em Edimburgo? Hoje, lembrei-me dela.

— Pois..., a propósito, isto de estar aqui fechado no quarto sem poder sair fez-me gastar muito dinheiro no Uber Eats, se puderes ajudar, agradecia-te.

— Tá bem, tá bem, entretanto vai ver se o pasto está saboroso.

Decidi ir trabalhar para esquecer as tristezas da paternidade.

Hoje, é dia de escrever uma das crónicas para o *DN*, a grande. As pequenas escrevo-as amanhã. A vantagem da de hoje é que não tive de pensar muito sobre que tema escolher. A desvantagem é ter de pensar e escrever sobre uma merda tão gigantesca, ainda por cima fui mais pessimista do que os pessimistas que não saem das televisões e jornais. A coisa levou-me uma parte do dia, sabendo que a outra parte foi dedicada a preparar um programa de televisão que faço todas as quintas-feiras à noite. Chama-se *Eixo do Mal* e já lá estou há catorze anos. Obrigado, senhores espectadores e queridos chefes da SIC. O facto é que fazer aquele programa me abriu muitas portas e me fez conhecer gente de que gosto muito. Claro que conheci mais parvalhões à conta disso e nunca julguei alguém poder ser tão insultado, injuriado, caluniado e que, por causa de uma mera hora de televisão semanal, me tivessem feito coisas que me estragaram parte da vida. Mas tenho de dizer que o balanço é muito positivo. Seja como for, o *Eixo* mudou a minha vida.

Foi assim um dia dedicado ao trabalho. Mas há sempre um bocadinho de paraíso na zona de desastre. Ali por volta das seis, o veganão Mingos entra-me no gabinete e ordena-me: «Bute treinar para o terraço.» Ao que respondi, só se me deres os parabéns pelo Dia do Pai. «Bom Dia do Pai. Bute?»

Andei 25 anos a tentar fazer programas com o meu filho e nunca consegui. Apenas por minha culpa. Ando a tentar perceber este meu rapaz desde que nasceu e ainda não consegui, culpa minha também. Agora que já é velho, mal me dá uma abébia, aí vou eu. Essa dificuldade de sintonia não interfere no amor assolapado que nos une, é só uma coisa que nos põe a olhar para o outro com cara de *WTF*. Eu sei que nos vamos topar não tarda, eu só entendi o meu, e ele me entendeu a mim, tinha eu mais de 40 anos.

Foi óptimo. Não consigo mexer os braços nem as pernas, mas diverti-me à brava. Particularmente, quando me ri da figura ridícula que eu e todos os pais fazem a tentar mostrar que conseguem fazer as coisas que rapazes de metade da idade deles conseguem fazer. Jogámos à bola, contei-lhe histórias de futebol (adoro histórias sobre jogos e jogadores e adoro ouvi-las e contá-las). Falei-lhe do grande Rabah Madjer, o Johnny Marr do golo, a Aretha Franklin da finta, o Bob Dylan da desmarcação, o Beatle da cabeçada, o Sufjan da antecipação, o mais fabuloso jogador que teve o brasão abençoado ao peito. Porto, Porto, Porto, és a nossa glória. Ah, espera, desculpem.

Até deu para tomar banho. É verdade, arrisquei um banho. Estava eu, no pós-banho, a pôr o creme antiolheiras — tem dado um resultadão, as peles só me chegam à boca — quando me liga o Sebastião, filho meu que vive em Inglaterra e também é conhecido na família como Tão. É o nosso intelectual. Escreve peças de teatro e outras cenas. Os irmãos acham que ele quis ser escritor só para os irritar e para se armar aos cucos. Não é verdade, é para irritar o pai que dava o baço (escrevi mesmo baço) para, com 50 anos, escrever o que ele escrevia quando tinha 16 e para saber o que ele sabia aos 17.

Bom, o Tão está metido num quarto pequenito, em Oxford, a tentar fugir à sacana da covid. A vontade dele era vir para junto do seu velho pai ou da sua mãe (eu acho que ele gosta mais de mim, mas a doutrina diverge), mas os aeroportos estão fechados. Partiu-me o coração, porra. Ficámos à conversa pelo Skype umas duas horas. Entretanto, eu e o Mingos fomos fazendo o jantar enquanto ele nos cantava umas músicas na guitarra, que é uma espécie de terceiro braço do moço. Eu tinha de ir pôr-me à frente do computador para fazer o programa, e lá desligámos — antes de começar fui para o quarto de banho chorar um bocadinho.

Quando acabei, ele tinha-me enviado um áudio dele a cantar o *Tudo Isto é Fado*. Mandei-lhe *A Moda do Meu Chapéu* cantado por mim, rapaz minhoto, nascido no Porto e alfacinha há cinquenta anos.

O meu filho, que vive em Inglaterra desde os 16 anos e já tem 23, mandou-me um fado cantado por ele e acho que foi para me agradar. Alguma coisa fiz bem.

«Tenho cá na minha ideia que o cante se ouve no céu, se passares na minha aldeia não vás de cabeça ao léu», toma lá do careca.

20 de Março de 2020

Estou a aprender uma série de coisas interessantes desde que estou a fazer este diário. Uma delas é que mentir não é igual a omitir (eu sei que não aprendo depressa). Outra é que um diário não é exactamente o relato do que aconteceu na vida do cidadão nesse dia, ou então quem o escreve não faz tenção de o mostrar. A última é a que me faz mais confusão. Um escritor chileno de quem sou muito amigo — que, encostem-se à cadeira e morram de inveja, foi grande amigo e trabalhou com o Salvador Allende e consegue estar noites e noites seguidas a contar histórias sobre as revoluções latino-americanas e os amigos Fidel, Daniel Ortega e o exílio dele em tudo que é país ex-socialista —, numa noite que contribuiu muito para o triste estado do meu pâncreas, disse-me que eu não devia escrever porque não tinha a urgência da escrita. Eu, que até gosto de frases bombásticas desse género, fiquei um bocadito sentido. Para já, parte do meu rendimento vem dessa penosa actividade, depois, valha-me Toutatis, que porra é essa de urgência de escrever? Segundo o Oscar Vega é um tipo precisar de escrever, se não dá-lhe uma coisinha má. Tipo, estar aflitinho para fazer chichi e coisas assim.

Pronto, eu não devia escrever. Já tive uma grande necessidade, uma vontade que nem me contem, uma vontade de anteontem (Chico, grande Chico, há sempre uma frase tua para aproveitar, essa é que é essa) para fazer umas coisitas que eu cá sei, escrever é que não. No fundo, a minha relação com a escrita é igual à que tenho com as mulheres: a iniciativa tem de ser delas. Nunca escrevi nada que não me fosse encomendado e nunca, pronto, me envolvi fisicamente com uma mulher por minha iniciativa. No fundo, faço jus a um dito que o meu querido Bobby Judd me disse que se conta na Irlanda: «Sabes quando estás apaixonado, Paddy? Quando ela te dá uma palmada no rabo e te diz: estás apaixonado, amor.»

Conclusão: sei que não falta gente assim, mas eu cá não entendo quem escreve sem ser com a intenção de mostrar, nem que seja ao ceguinho do rés-do-chão. Para mim, escrever ou falar é comunicar, partilhar emoções, sensações, perspectivas. Se há gente que não consegue falar consigo própria e precisa de pôr a coisa no papel é com ela, mas não foi para isso que a escrita foi inventada. Há para aí uns senhores e umas senhoras que mandam o cidadão deitar-se num sofá para ele desabafar, e uns tipos de cabeção que até ouvem e depois até esvaziam o caixote do lixo da culpa.

(Estou um bocado obcecado com o Padre Nosso, um fado Maria Alice, vou tentar não meter a letra no meio deste relambório.)

Ora muito bem, se é para mostrar o que se escreve não se pode contar tudo, ou seja, há que omitir. E não estou a pensar em contar que se coçou o rabo sem ninguém ver ou se um gasoso alívio intestinal fez mesmo lembrar uma música dos Coldplay — fazem todos, diga-se — ou se trocaram fluidos com um senhor, senhora ou dois ou três ou se se fez o pino ou não. Imagino que se possa contar, mas o que importa é que mesmo que tenha sido algo de importante nas nossas vidas há coisas que preferimos não contar, mesmo aqueles seres estranhos que escrevem para eles. O que se conta nos diários, afinal, são retalhos das nossas vidas, algo muito parecido com crónicas, só que sempre sobre as nossas vidas e na primeira pessoa.

Tudo isto para não dizer quem me telefonou a seguir ao *Eixo do Mal* (para quem não sabe o que é, favor consultar o diário de ontem). Ligou-me à uma e meia da manhã, não gostei da conversa, pus-me a beber uma garrafa de *Jameson* e, quando dei por ela, já eram quatro da manhã. A tristeza da conversa durou pouco, mas fez-me beber o primeiro copo. O problema é que nunca fui capaz de beber só um, como nunca consegui fumar só um, ou comer só um bocadinho. Parar de fazer, seja lá o que for, é, para este rapaz, uma coisa complicadíssima. É como se tudo fosse definitivo na minha vida e eu tivesse de beber tudo, comer tudo, sobretudo, viver tudo até ao fim, sendo que esse fim não sou eu que o defino. Já me perguntei mil vezes como raio sou ateu, se sinto que não conduzo a minha vida. Espera lá, se calhar é por isto que há pessoas que não gostam de partilhar o que escrevem, sabem que há coisas que saem sem que percebamos porquê e quando damos por elas estamos de alma ao léu.

Como ia dizendo, bebi o primeiro copo e deu-me para o fado e para o cante. Como, lá está, são coisas que sabem melhor partilhadas, liguei ao meu filho Sebastião. Passámos das músicas à poesia, ele mandou-me aquela maravilha que é o *The Love Song of J. Alfred Prufrock* — que o T. S. Elliot devia ter-se limitado a escrever, mas, vaidoso que era, também declamava muito mal — e eu, que ando meio «zirirí», respondi com o *Vem Sentar-te Comigo, Lídia*. Agora que o mundo percebeu as almas inacreditavelmente cultas e sensíveis que eu e o meu filho somos, já posso dizer que acabámos a cantar a *Maria da Fonte* via Skype. Eram quatro e meia da manhã, eu estava bêbado e ele aturou-me com o estoicismo de um pai. E para os pais que estão a abanar a cabeça e a pensar que filhos e pais não são amigos ou irmãos, tenho isto para vos dizer: perguntai à vossa mãezinha se o vosso paizinho pagou em dinheiro ou em cheque.

Como qualquer velho, acordei cedo. Vi que tinha umas chamadas, mas nem quis saber de quem eram. Pelo meio-dia, arrastei-me para a cozinha. Bebi o batido do costume, irritei-me com a chuva e abri a porta. A minha sobrinha Luísa tinha-me deixado um frango — teve de ser às escondidas por causa do rapaz — e lixívia. A rapariga anda a fazer compras para toda a gente que conhece e que está de quarentena. Anda há dois anos a ajudar refugiados em Lesbos e deve-se ter habituado a fazer coisas destas. É uma princesa de uma generosidade sem fim.

O vegano tinha posto no puxador da porta o papel com a mensagem «a meditar». Não o incomodei. Quando voltei para o quarto, para abrir as janelas para deixar sair o álcool, ele já tinha posto a que diz «a trabalhar». Devo ser o único pai do mundo que tem um filho de 25 anos que comunica através de papéis na porta. Comigo e com o resto do mundo: não tem Facebook, nem Twitter, nem Instagram, nem WhatsApp e só atende o telefone nos dias santos. Digamos que não é um moço preocupado com a popularidade. Por volta das seis da tarde, estava eu a ser moderno e a falar com a minha irmã e o meu pai ao mesmo tempo via WhatsApp, ele anunciou a ida ao supermercado e ao lixo. Desliguei logo. Preparámos a incursão à selva. Lista de compras, cartão, sacos, luvas e máscaras postas e lá foi ele. Quando chegou, os sapatos foram para uma divisão especial e essas coisas todas que agora já são normais.

Às sete fiz o programa que tenho na TSF. Não me sabe a nada fazê-lo fora do estúdio, mas teve de ser. Eu e o Pedro Adão e Silva, com quem já faço o programa — chama-se Bloco Central — há muitos anos, ainda no Rádio Clube Português, estivemos muito, muito pessimistas. Cabrão do bicho.

Depois fiz o jantar. Depois ouvi dez vezes seguidas — ou menos — a minha *playlist* de fado e escrevi isto.

21 de Março de 2020

O Pedro Adão e Silva foi ao Tomo buscar sushi. Sou amigo do velho Adão — não mostra emoções, mas tem alma e é um homem bom. Ligou-me a ver se eu também queria e eu quase gritei que sim. Entretanto, liguei ao Saif — funcionário do dito restaurante japonês que já me atura há muitos anos e a quem já confessei todos os meus pecados, e que me impôs uma única penitência, que me obrigou a dias de miserável ressaca... — para que acrescentasse uma garrafa de *sake* para estes dias de reclusão.

Tenho uma relação estranha com o vinho japonês. Ignoremos agora o facto de eu só conseguir ter relações estranhas, seja com gente, seja com o que for — estou a olhar para um balão de São João que tenho há cinquenta anos e que, a par do meu Dragão de Ouro, é o meu objecto mais precioso; e se consigo perceber o que me une ao único amor que nunca trairei, o F. C. Porto, custa-me perceber porque me sinto tão próximo de uma espécie de acordeão de papel de cores esbatidas — fica para outro diário. Aliás, só conheço uma pessoa que me consegue aturar há estes anos todos, mesmo com dramas, traumas, muita confusão, ansiedade, indecisões, mudanças repentinas de humor e tudo: eu.

A conversa era o *sake* que o Saif obrigou o Adão a trazer-me no meio da encomenda que incluía um fantástico *sashimi de toro* (barriga de atum) e mais umas iguarias que o actual chefe aprendeu com o grande Tomo-*san*, meu querido amigo que, entretanto, regressou ao Japão pela melhor das razões: amor.

O Tomo aprendeu a arte do *sushi* com o falecido Yoshitake. Era um chefe japonês que conheci a jogar golfe (algum problema, sobre eu adorar o mais extraordinário jogo que já foi inventado, hum?), cujo jeito para cozinhar era inversamente proporcional ao que tinha para dar com os tacos na bolinha. Como é do conhecimento geral, só faz sentido jogar, o jogo que for, se for a dinheiro ou algo que se possa trocar por tal. Como a habilidade do querido Yoshitake era pouca, pagava em almoços no restaurante dele, primeiro na Estefânia, depois na Rua das Trinas. Eu, que até vomitava de pensar em peixe cru, transformei-me num louco pela coisa. Agora sou um bocadinho pedante com a comida japonesa, armo-me em conhecedor e deixo de falar com pessoas que gostam de cretinices do género *sushi* com queijo *Philadelphia* ou, heresia das heresias, com frutas.

Já se sabe, as conversas são como as cerejas. O T. também era do nosso clube. Um japonês grande, casado com a I., uma louca maravilhosa, meia brasileira meia japonesa, com um sotaque estranhíssimo e que, entre outras coisas, pedia às outras senhoras que andavam lá pelo clube que lhe mostrassem as mamas, sempre que percebia que alguma tinha feito, digamos, um acrescento. A própria também mostrava as várias modificações que tinha feito. Depois contava tudo nos almoços e jantares como se estivesse a falar do tempo.

O T. era presidente duma empresa japonesa em Portugal. Uma espécie de reforma dourada. Tinha estado noutros países e lançara a equipa de competição de motociclismo da marca. Fazia parte dum grupo de japoneses que, depois da Segunda Guerra Mundial, tinha sido espalhado pelo mundo. A ele calhou-lhe a Amazónia — onde mais tarde abriu a primeira fábrica de motas fora do Japão. Nos primeiros tempos, vivia com mais quatro compatriotas e, segundo ele, com o dinheiro muito contado.

Num jantar de Natal do nosso clube, estávamos doze à mesa, tudo muito bem posto, uns tipos convencidíssimos de que eram importantes com as suas digníssimas esposas e o bom do T. decide contar alguns episódios da sua vida.

Tempos difíceis passou em Manaus, contava. Tão difíceis que aos fins-de-semana, normalmente, os que viviam na mesma casa colectavam-se e iam buscar uma rapariga, para todos, ao prostíbulo mais próximo. Mas, às vezes, o dinheiro era tão pouco que tinha de ser um rapaz, era mais barato.

Continuou a comer como se tivesse dito a coisa mais normal do mundo. O silêncio sepulcral da mesa só foi interrompido pela I., que achou que, para amenizar a história, devia dizer que aquilo já tinha sido há muito tempo e que os rapazes eram asseados. A propósito, o T. era um óptimo golfista, um grande pescador e garantia-me que o melhor *sushi* do mundo era o que se fazia em Portugal. Um japonês que media 1,92 m e que era muito maior que o mundo.

Estávamos, portanto, a falar de *sake*. Não posso beber esse veneno. É um álcool lixado, bebe-se como água e dá uma euforia óptima (já me despi em cima de uma coluna no Lux por causa dele, o que provocou um ataque de choro convulsivo da minha filha que estava lá com o namorado — nunca mais o vi —, bem como um cachaço do grande Alfredo). Mas dá-me a pior ressaca do mundo. Não é uma coisa física, essas são todas iguais, é uma coisa da alma (bom disco do Camané). Fico melancólico, triste, a sentir-me o mais miserável dos homens.

Interessa fazer uma pausa para explicar que um médico se enganou num diagnóstico e eu estive treze anos sem beber álcool. Não, não o matei. Ou seja, é provável que eu já não me lembre muito bem das ressacas com outros álcoois. Os meus excessos alcoólicos, desde que recomecei a beber, foram poucos. Melhor, não foram muitos.

Sake, sake. O Adão entregou-me os víveres e o dito. Desinfectei o saco, as caixas onde estava a comida e achei que estava tudo perfeito — o Mingos comeu tempura e um quilo de arroz.

Tinha acabado de comer e ainda só tinha bebido um terço da garrafa, quando recebo uma mensagem de um amigo a quem contei o manjar. O rapaz não achou melhor coisa para me dizer do que informar-me que a comida crua era altamente desaconselhável nesta altura por causa do vírus. Agradeci a informação, desejei que fosse sodomizado pela selecção japonesa de sumo e bebi o resto do *sake*.

Dali a duas horas veio a tal ressaca que, misturada com o estado de ansiedade em que todos andamos, acrescida do medo e do terror que vemos nas notícias fez com que me agarrasse a um ursinho de peluche que tenho em casa e me fez gritar pela Maria Olímpia, a minha mamã.

Ainda consegui atender um amigo que me liga todos os dias para me pôr a ouvir um fado, trocar umas mensagens com a minha filha, falar com a minha namorada e chorar um bocado.

Quando será que acaba esta distopia?

Itália e Espanha obrigadas a decidir quem salvar e quem deixar morrer

21/03/2020

15 de Março de 2020

O meu primeiro pensamento foi: quarentena é só a minha rotina com mais asseio de mãos.

16 de Março de 2020

Ontem a Joana disse que isto era o início do fim do capitalismo e eu fiquei a pensar no que isso significará para as nossas vidas.

17 de Março de 2020

Ficar em casa não é problema, mas não controlar absolutamente nada do que este universo nos traz e o medo do que aí virá é uma coisa desta vida à qual ainda estou a tentar habituar-me. Por isso, à falta de crianças por aqui, fiz um arco-íris pequenino e torto do «vai ficar tudo bem» para vocês e para me convencer a mim também.

18 de Março de 2020

Medos novos:
• Maçanetas no geral;
• Pessoas que tossem;
• Que venha outra vez a crise de 2008;
• Que eu e todos os meus amigos artistas ou trabalhadores independentes fiquemos na penúria;
• Que não possa dar abraços tão cedo;
• Que o mundo continue a estar cancelado e que não venha trabalho nos próximos meses.

19 de Março de 2020

Coisas que quero fazer quando isto acabar:
• Abraçar toda a gente;
• Ir dançar no meio da multidão;
• Ir a Itália;
• Ir ao Japão;

- Parar de ter incertezas em relação à minha agenda de trabalho;
- Tocar nas coisas;
- Ir ao horto comprar vasos para as minhas plantas;
- Ir visitar o *atelier* da Júlia Côta, a Barcelos.

20 de Março de 2020

O que não te mata, como diz o Kanye:
Harder, Better, Faster, Stronger

21 de Março de 2020

O meu gato nunca esteve tão feliz.

22 de Março de 2020

É preciso encontrar novas maneiras de nos abraçarmos.

/

CLÁUDIA DUARTE

19 de Março de 2020

Ao contrário do que normalmente acontece, deixei tocar o despertador até se cansar e não me levantei às habituais 8h07 (nunca gostei de horas certas). Segui com o conforto desconfortável daquele sonho *sci-fi*, resultado da situação bizarra que vivemos... ou apenas da sugestão que o filme *La Region Salvage* me deixou ontem antes de adormecer.

Rendo-me a abrir os olhos às 9h12.

Não reconheço o meu quarto... nem as violentas saudades que subitamente sinto da minha filha, que está na casa do pai. Está um dia lindo, quente. Um horror.

Escancaro as janelas para que a luz rompa as paredes e começo a arrumar tudo freneticamente. Já seria de esperar a minha necessidade inultrapassável, quase DOC, de ter a casa milimetricamente arranjada já que o mundo e eu não estão. Preparo um pequeno-almoço que como a andar pela casa.

O telefone toca sem parar.

«Estás bem?»

«Precisas de alguma coisa?»

«O que fazemos?»

«O que podemos fazer?»

«Cancelamos?» «Adiamos?»

«Sabes fazer pão?»

Perguntas e mais perguntas.

«Sei lá.»

Nesta coisa de fugir para a frente, duas reuniões desse portal que me parece tão *passé* chamado Zoom. Mais duas sessões de conforto e terapia.

Penso de coração apertado nas minhas louras que vivem as duas juntas, mas sozinhas. Ligo-lhes para as tranquilizar, mas quem acaba tranquilizada sou eu. Sempre foi essa a magia da minha mãe e da minha avó.

Penso nele e perco noção do tempo que perdi a pensar.

Como a minha cabeça parece um *merry-go-wrong*, volto ao assunto trabalho, penso no final do mês e desligo.

Chamada com o meu sócio e grande amigo, de quem, depois de mais de uma hora a falar, falar, só retenho a sua frase assinatura:

«Isto é o fim da macacada.»

Quero rir, mas não consigo. Nem de nervoso.

Aliás, tem sido o meu maior problema nas últimas semanas: há muito que não me consigo rir verdadeiramente. Nem ouvir a Rita Lee regularmente me tem salvado de ser uma chata insuportável.

Descubro o canal de Youtube PopSugar. Visto o equipamento e sigo-o. *Burpees, lunges, mountain climbers* e outras surpreendentes descobertas revelam um potencial evangelizador notável. Acho que vou fazer isto todos os dias.

Tomo banho, o que é sempre uma boa ideia.

Quando acabo todos os rituais e me preparo para a ceia, percebo que já não estou habituada a estar sozinha. Não consigo comer.

Não me apetece falar com ninguém, só com a Olívia. Os olhos e voz felizes e saudáveis dela ficam gravados no ecrã do telemóvel mesmo depois de desligar a videochamada.

Abro uma garrafa de vinho e ouço música bem alto.

Adormeço no sofá.

20 de Março de 2020

O dia começa outra vez torto e só às 11h42 me sento ao computador.

«Olá, dose extra de culpa, bom dia!»

Acho que trabalhei.

Almoço sem história com umas tristes bolachas marinheiras com manteiga e marmelada e uma caneca de chá de erva-príncipe

Videochamada com dois amigos que estão próximos, ali a sete ruas de distância. A conversa acontece quase como se nada disto estivesse a acontecer. Estamos bem, aparentemente.

Logo de seguida, o telefone leva-me para milhares de quilómetros daqui, mas a conversa revela-se demasiado franca e nem o calor e frescura dos 27ºC que estão na minha varanda engana o meu amigo que só está aparentemente longe. Esta coisa de ter amizades que não nos deixam ignorar as nossas incertezas e medos leva-me a ter uma súbita necessidade de saber mais sobre pessoas que conheço, com quem me cruzo regularmente, mas das quais pouco ou nada sei. São tantas. Até demais. Escolho aleatoriamente uns quantos perfis no Facebook porque me apetece falar com alguém que não me conheça bem. Mas a vontade súbita logo desaparece e não contacto ninguém, muito menos respondo a qualquer solicitação.

Tarde profícua com mil informações do contabilista, dos apoios, das portarias, das contas, dos pagamentos, dos salários. Se dantes às vezes sem pé, agora estou um Major Tom à deriva numa galáxia desconhecida.

Relaxo com 45 minutos de videochamada com a minha filha.

Falamos acima de tudo sobre temas essenciais como o *Dragon Ball* e o *Rei Macaco*.

Logo depois, longo telefonema a partilhar com uma amiga a dificuldade que é vivermos com as assimetrias das nossas relações. Ou com as nossas. Não sei se a decisão que tomei há três semanas é a certa e se quem saiu cá de casa há dias deveria ter saído. Tenho saudades dele. Tenho saudades de nós. Até tenho saudades do que éramos, o que estava longe de ser o que quero. Às vezes acho que tenho saudades do que nunca fomos também. Tenho saudades de tudo.

Sessão de exercício videocomandado: os músculos e o vocabulário *fitness* a aumentarem. Ou pelo menos o vocabulário.

Jantar tardio e filme *9 Songs*. Como tanto ouvi e li, nem a banda sonora o salva do pretensiosismo. Mas tive saudades da liberdade que nele revi. Por isso mesmo, preciso de mais uma dose de ficção para ensopar os meus olhos e cabeça.

Começo a ver uma nova série que tem a proverbial frase de início: «*Dear diary, fuck you!*»

21 de Março de 2020

Luto pelo sono desde as 6h10 e consigo que só me largue às 10h47. Esta nova rotina, que nem sei se o é, está a revelar-se demasiado previsível no que a horários diz respeito, o que é só mais um pormenor que nada me agrada neste soluço de vida.

Segue-se uma dose maníaca de limpeza, arrumação, desinfecção de tudo e mais alguma coisa com álcool-gel da melhor qualidade — não tivesse meio litro custado 45€ — porque hoje vou buscar, finalmente, a minha filhota a casa do pai. Quero lavar roupa, mas a minha máquina, como eu, pifou há seis dias.

Resisto a mergulhar no Facebook, mas não a atacar um vídeo da minha nova guru de *fitness made in* YouTube. Até gosto das *routines*, mas a música das aulas é horrível. Fantasio que o meu futuro passa por ter um ginásio com música dos melhores DJ da praça.

Como continua calor, nada como colocar a pele ao sol na varanda. Abençoada!

Pela primeira vez, sinto medo à séria quando me preparo para sair para ir ao supermercado. E sinto-me ridícula: gabardine, lenço na boca, óculos de sol num misto de tentativa de cultivar algum estilo e proteger-me do vírus. Inevitavelmente sinto-me ridícula, muito porque, talvez, me esteja a borrifar para o mundo, mergulhada que estou no meu pequeno drama. Ridícula!

Vou ao Sarkar, o supermercado perfeito para se ter um primeiro *date* em Lisboa, não fosse esta coisa que acaba em 19.

Tudo supertranquilo, sem filas. Encontro tudo o que queria. Mas vi as pessoas de maneira diferente. Não gostei da sensação. Tive medo e vergonha. Mas a garrafeira animou-me.

De volta a casa, todo um novo ritual de desinfecção que passa por colocar fruta a lavar na máquina de louça.

A sério?!? É isto que nos espera?

Faço a sopa, o bolo de chocolate e os croquetes que a minha filha tanto gosta ao som de Françoise Hardy e Jacques Brel. Vou buscá-la e lambuzo-me nela. Ela chega, enche a casa e enche-me o peito. Eu encho-a de beijinhos.

Resolvo, no intervalo de brincadeira dado pela *Carmen Sandiego*, partilhar o meu elevado estado de espírito com ele. Ele responde. Rimo-nos. Muito.

Falamos de filmes, de música, da família, dos memes parvos que só ele encontra na Internet.

Será que vai ficar tudo bem? Será que quero mesmo que fique? Será que ele quer?

No resto do dia, ainda que com o actual e permanente tempero de angústia, mas com esperança, continuo a rir-me. A minha filha acaba por adormecer na minha cama comigo. Na cama, a olhar para ela, percebo que o tempo ganhou todo um novo significado.

Ficava a olhar para ela para sempre.

22 de Março de 2020

Acordo não sei a que horas com as festinhas da Olívia na minha cara. A sua meiguice e boa disposição são a bomba de energia perfeita. Saio da cama num ápice, preparo-lhe e preparo-me um pequeno-almoço elaborado.

Refeição com gargalhadas e cantoria por duas fãs absolutas de Beach Boys e Joan Jett, ao sol, numa varanda com temperaturas de Verão, ali mesmo com o centro da cidade a nossos pés. Silencioso.

As obras da escola mesmo em frente à nossa janela continuam. Acho que só hoje me apercebi do quanto me incomodam. Ainda assim, depois destes dias em casa, há uma sensação de estranheza que sentia nos primeiros dias de confinamento que se vai aligeirando. A verdade é que só a conhecia bem de manhã e à noite.

A *Frozen 2* dá-me algum tempo para avançar com o relatório para o qual tem sido impossível concentrar-me. Termino-o e sinto-me bem, não fosse o pequeno pormenor de hoje ser domingo e estar agarrada ao computador.

Como prometido, lanço-me na tarefa de encher um unicórnio insuflável com uma bomba de bicicleta. Durante quase uma hora, ainda que em enorme palhaçada, encho-o como se estivesse a matar o vírus. A minha filha fica felicíssima. Dá-lhe o nome de *Maçãzinha*. Fazemos uma festa as três. Acho que este insuflável não vai durar muito.

Uma amiga faz anos e encomendo-lhe o único bolo que consigo encontrar na Uber Eats. Ligo-lhe e sinto-a adoentada. O pingo no nariz e a neura de estar em casa começam a dar de si, às duas. Falamos de todo este incómodo que não tem nome, dos receios com o futuro geral e pessoal. De como se tornou um hábito diário abrir o Excel para fazer cálculos no sentido de perceber a quantos meses de subsistência correspondem as nossas poupanças.

Ah, a beleza dos independentes.

Depois de uma boa dose de *puzzle* dos unicórnios, *O Avô Tem Uma Borracha na Cabeça* como livro na cabeceira da Olívia, que adormece instantaneamente. Entretanto, um enorme grupo no Facebook começa a ganhar dimensão e energia incríveis, a propósito do aniversário. Servem-se copos à distância, brinda-se, trocam-se piadas, o humor como o escape para este não-tempo. Tudo aos quadradinhos.

Acabo a noite a ver a minha enorme mala com fotos antigas, a ouvir o John Grant, a bebericar o meu *gin* tónico, a escrever estas frases e, pela primeira vez, a chorar. Muito.

Apesar de tanto admirar o *glamour* da escrita embriagada, mais uma vez a prova de que não tenho nem nunca tive jeito nenhum para ela.

Empresas aceleram resposta a explosão do comércio online

23/03/2020

23 de Março de 2020

Não sei que raio de truques a minha mente me anda a pregar, mas a surrealidade dos meus sonhos, noutra situação desconfortável, agarra-me agora à cama de tal maneira que não me deixa levantar. Ainda que acordando ligeiramente, lá consigo voltar ao mesmo sonho. Por isso, só à oitava ou nona tentativa é que a minha filha me consegue convencer a levantar.

Ela hoje está com uma energia explosiva. E eu estou tão sensível que a pespinetice que tanto gosto nela, hoje doeu. O que vale é que a frase «vamos fazer panquecas cor-de-rosa para o pequeno-almoço» me faz ganhá-la de imediato. A cozinha virou o nosso *safe space* com a alegria e os movimentos da Olívia a transformarem-na no sítio mais perfeito e confortável para estarmos. Acho que não vai ficar tudo bem, mas as suas piruetas são o garante de que nos vamos safar. Tem sido sempre assim, não pode ser de outra maneira desta vez.

Sem razão aparente, faço uma lista de tudo o que sou minimamente competente a fazer. Ainda que seja longo o rol, não fico muito animada.

Trabalho. Almoço. Consigo marcar quatro entrevistas e escrever três *press releases* que me saem a ferros. Não estou a conseguir escrever como é costume. Sinto que as solicitações são mais que muitas e começo a sentir-me a quebrar. A verdade é que não tenho férias desde Agosto e o meu corpo e cabeça começam a dar de si.

Filmes e mais filmes. Uno e peixinho. Cavalgadas na *Maçãzinha*. *Puzzles*. Músicas e coreografias do Tik Tok. Admito que acho piada.

Videochamada com a avó e bisavó.

Já depois de deitar a Olívia, saco um livro de Herberto Helder que me relembra que «As mães são as mais altas coisas que os filhos criam». Tão bonito. Sei que também deverá ter uma frase para a aproximação que começou a acontecer. Mas não tenho concentração suficiente para continuar a ler.

Acabo o dia feliz, com a certeza de que a nossa casa vai voltar a ser o que, se calhar, está mesmo destinada a ser. Ou pelo menos, feliz porque ele me veio ajudar a instalar a nova máquina de lavar roupa.

24 de Março de 2020

Hoje acordei cedo com o som da televisão dos vizinhos de cima a despertar-me com os números e mais números que agora são a narrativa constante. Detesto números.

A casa está um caos. Lá vem a dualidade de odiar limpar, mas gostar ainda menos de ter a casa assim. E eis que me desce o primeiro acesso de dona de casa: arrumo gavetas, encho sacos com roupa que já não quero, e começo numa vertigem de limpeza que vai, literalmente, do chão até ao tecto.

Quanto mais activa e eficaz sou, mais desinteressante me sinto. Não consigo estar quieta, ler, parar. Tenho lido e ouvido tantas e tantos dizerem que este é um tempo para desacelerar. Eu não sei desacelerar.

Mas tenho tirado fotografias.

A Olívia faz desenhos e vê Netflix.

Depois da sessão diária de Popsugar, a custo, vamos dar o famigerado passeio higiénico. Tudo é estranho, mesmo as ruas que tão bem conhecemos, no nosso bairro. Só o braço dela me é familiar. A Avenida da Liberdade, o Marquês de Pombal, completamente vazios. O silêncio que ensurdece.

Voltamos para casa aos pinotes.

Começo a fantasiar com uma casa cheia de plantas.

Fazemos dois *puzzles* depois de jantar.

Já sozinha, vejo mais uma série desinteressante na Netflix e volto a adormecer no sofá. Eu adoro dormir no sofá.

25 de Março de 2020

Pela primeira vez acordei uma pilha, maldisposta, imprevisível. A Olívia também começa a acusar tanto tempo em casa. Tento colmatar a falta que lhe faz brincar com as amiguinhas e amiguinhos, mas esta coisa de brincar é difícil. O trabalho começa a acumular-se assim como uma certa paralisia. Sinto que estou a falhar em tudo: nem boa mãe, nem boa filha, nem boa companheira, nem boa amiga, nem boa profissional.

Depois de dias de bicho do mato, hoje sinto verdadeiras saudades de estar com a minha mãe e com a minha avó. Com os amigos e as amigas. Queria tanto estar com todos e todas, mas não consigo falar como deve ser com ninguém. Mas falo com ele e a neura passa.

Faço um bolo. Não cresce.

Apanho sol na varanda.

Faço um batido de morango e abro uma garrafa de vinho.

Desenhos ao ar livre a lápis de cera enquanto ouvimos os Sleaford Mods. A Olívia não gosta, mas hoje consigo ser eu a escolher a *playlist*. Por muito que goste deles, acho que já não consigo ouvir muito mais os Capitães da Areia. Mas acabo por me render a ela e ao *Duelo de Reis* que continua a ser o preferido para dançar e cantar com ela.

Decido não ver o telejornal. Para desgraças, hoje basta-me ter a certeza de que vou engordar, tais têm sido as minhas carências afectivas.

Mesmo antes do dia acabar, fico feliz porque amanhã vou estar melhor, vou dançar mais e vou fazer mais exercício.

26 de Março de 2020

Hoje a minha casa voltou a ser o nosso lar e não há palavras que encham um dia que foi inteiro.

27 de Março de 2020

Refeição.
Trabalho.
Deveres maternais.
Neura controlada *in extremis*.
Refeição.
Brincadeiras várias.
Mimos.
Trabalho.
Mimos.
Ligeiro ataque de ansiedade.
Mimos.
Passeio higiénico.
Brincadeiras várias.
Refeição.
Mimos.
Série de televisão sem interesse, vista sem qualquer interesse, mas com os pés quentes.
Em suma, um dia normal com os meus amores maiores.

/

SUSANA MENDES SILVA

19 de Março de 2020

Ouvi na TSF que amanhã vai chover, por isso, depois de uma noite de sonhos em que me recriminava cada vez que tocava em alguém, achei que o mais importante era pôr uma máquina de roupa branca a fazer. Enquanto a estendia vi o meu vizinho da frente, que agora sei que fuma um ou dois cigarros por dia. Também reparei num vizinho meu que é giro e que esteve muito tempo na varanda a olhar, mas eu fiquei muito envergonhada e não consegui olhar de volta.

A meio da manhã dei as minhas aulas por videoconferência. Não é a mesma coisa, mas são menos trezentos quilómetros que faço entre Lisboa e a universidade. Faço questão de perguntar às/aos estudantes como estão e se estão a conseguir gerir bem o isolamento voluntário devido à suspensão das aulas presenciais.

Como diz, e bem, a minha amiga Gabriela Vaz-Pinheiro, o que estamos a viver hoje é uma situação de distanciamento físico mais do que distanciamento social. O pior para mim é a falta de toque, o desaparecimento da dimensão háptica das nossas vidas. E aqueles que ainda a têm nunca sabem se a/o outra/o ao lado terá sido contagiado em alguma situação da vida quotidiana.

Lembro-me de que quando, em 2007, fui viver para Londres, o meu primeiro *atelier* no Goldsmiths College tinha sido de um colega dinamarquês — parecia-me meio louco — e que, quando me deram a chave e abri a porta, aquilo estava um nojo. Demorei vários dias a limpá-lo, no entanto, recordo-me com precisão de que ele deixou esquecido um exemplar do *State of Exception*, do Giorgio Agamben. Ainda o tenho, mas nunca cheguei a ler o livro todo na sua versão inglesa.

Lembro-me também de que a primeira coisa artística que fiz foi participar no festival INTIMACY: Across Visceral and Digital Performance, com a *performance A bedtime story*, na qual me propunha a ler uma história de adormecer a quem a quisesse ouvir através de *skypephone*. Não ligávamos a câmara, nem havia qualquer gravação por uma questão de discrição. Afinal, as pessoas poderiam adormecer realmente.

Hoje estou recolhida em casa — na verdade já aqui estou desde dia 11 de Março, mas hoje é o primeiro dia do estado de emergência — e é estranho saber que a Itália de Agamben está devastada pela covid-19 e que volto a fazer, por sugestão do Diogo Sottomayor, «*a bedtime story*».

Janto cedo pois hoje é o primeiro dia de *performances*. Começo às 22h00 em ponto. Das sessões marcadas duas pessoas ficaram acordadas, uma não atendeu, e uma adormeceu. Gosto tanto quando alguém adormece. No final, fico apenas em silêncio à espera e desligo alguns minutos antes de começar a sessão seguinte.

20 de Março de 2020

As manhãs passam a correr com o trabalho para as aulas à distância e tudo o que elas implicam.

À tarde encontrei-me no jardim do bairro com a minha vizinha Lula Pena para lhe entregar leite de aveia. Ficámos a apanhar sol, sentadas à distância regulamentar, a Lula com máscara, eu sem, e falámos sobre este estranho novo modo de vida, sobre a diminuição do tráfego aéreo, sobre teorias da conspiração. Disse-lhe que estava cheia de vontade de fumar e que estava assim desde que tinha visto o meu vizinho da frente a fumar à janela. É estranho porque eu nunca sequer comprei um maço de tabaco e não sei enrolar cigarros.

Janto cedo de novo e começo outra vez à mesma hora. As primeiras três sessões foram apenas com amigos e pessoas conhecidas, o que deu azo a bastante conversa. Ninguém adormeceu, e as duas marcações finais não atenderam.

21 de Março de 2020

Não saí de casa. Chovia e o rio, que vejo da minha janela, estava bonito.

Como é sábado não houve obras no andar de baixo e pude dormir a sesta no sofá da sala quase até à hora de jantar.

Hoje é o último dia de *performances* desta semana. Começo de novo às 22h00 e, surpreendentemente, hoje todas as pessoas atenderam e ninguém adormeceu. Foi uma noite muito bonita com chamadas para vários pontos do país, do Algarve ao Minho.

22 de Março de 2020

Infelizmente, hoje já existem 1280 casos confirmados, 12 mortos e apenas 5 pessoas recuperaram.

Para uma geração que viveu com o medo do HIV desde a sua tenra adolescência, esta covid-19 não nos permite nenhum tipo de proximidade — o toque, a carícia, o abraço, o beijo. Nada. Algumas pessoas coabitam com outras com quem têm relações filiais, amorosas ou de amizade, mas então o que acontece a todas as outras? Não se chegam perto de ninguém de quem gostam? A resposta parece ser «não».

No entanto, hoje o meu coração derreteu com o texto que o Diogo Sottomayor me enviou depois de ter participado na *performance* de ontem. Respondi-lhe a agradecer pelo WhatsApp e depois ligou-me. Estivemos imenso tempo ao telefone a falar de empatia e intimidade.

23 de Março de 2020

Os dias passam um pouco iguais. Estranho, cada vez mais, os *posts* no Facebook de pessoas que passam o dia de pijama e que se queixam de estarem entediadas. É uma situação horrível estar confinada, engaiolada num apartamento, mas a maioria das pessoas que conheço tem um mínimo de conforto. Lembro-me constantemente do que passaram as pessoas escondidas em caves, *bunkers*, sótãos, de guerras passadas ou do que vi e ouvi quando estive na antiga Jugoslávia, em 1997.

Tenho feito exercícios de *ballet* com uma cadeira a substituir a barra, abdominais, e exercícios respiratórios.

Noto que, a cada dia, passo mais tempo a responder a mensagens — de texto, WhatsApp, Messenger, Instagram — e a telefonemas — rede móvel, Facetime, Skype. Está a tornar-se desgastante.

Não consigo escrever mais hoje.

24 de Março de 2020

À tarde fui ao jardim aqui em frente a casa. Apanhar sol e ler o livro *Eliete*, da Dulce Maria Cardoso, que fui comprar à Tinta da China muito antes de tudo isto acontecer. Depois passei no talho que é do outro lado da rua. Só estavam duas pessoas, por isso foi rápido. É muito curioso observar o cuidado com que se fazem agora todas as interacções. Se eu visse isto há três meses parecer-me-ia absurdo.

À noite fiz uma sessão especial de «*a bedtime story*» para a minha sobrinha e para o meu sobrinho que vivem em Madrid. E que, por isso,

António Costa diz que há capacidade de realizar 30 mil testes por dia

24/03/2020

já não saem de casa há vários dias. Escolhi ler-lhes um excerto de *O Principezinho*. A excitação era tanta que a *performance* foi um desastre, portaram-se muito mal, mas foi muito divertido. Passada uma hora depois de eu ter começado, o meu irmão achou estranho ainda haver tanto barulho, repreendeu as crianças e foram de castigo para a cama. Rimo-nos os dois e prometi que faria de novo, mas para a Marta primeiro e para o Vasco noutro dia.

25 de Março de 2020

Hoje acordei e só me apetecia pegar no carro e guiar. Mas guiar muito. Faço tantos quilómetros por ano. Aquela sensação de ir por aí a ouvir música e ver a paisagem passar. O meu carro já tem quase 260 mil quilómetros, todos feitos por mim. Sempre adorei andar de carro. Em bebé dizem que era a única coisa que me adormecia. Tenho carta desde os 18 anos, guiar sempre foi das coisas que me deu mais sensação de liberdade e que entendi sempre como uma tarefa verdadeiramente feminista. Mas não fui a lado nenhum, fiquei em casa porque não tinha nenhuma desculpa razoável para sair.

Foi dia de aulas à distância. Tento concentrar as sessões ao vivo a partir do meio-dia, por coincidirem com a pausa de almoço dos trolhas que estão a fazer obras no andar de baixo. Sim, o estado de emergência não parou as obras mesmo que isso pareça um contra-senso com o isolamento voluntário e as quarentenas.

Decidi instalar uma aplicação para conhecer novas pessoas. Uma forma de «sair» sem sair de casa.

26 de Março de 2020

Tive mais pesadelos de madrugada. Não me recordo muito bem dos detalhes, mas acordo sempre angustiada e com o coração acelerado.

De manhã decido ir às compras. Vou à Makro, porque tenho cartão e porque tem pouca gente, já que muitos restaurantes e negócios turísticos estão fechados. Saio do carro e ponho as luvas. Começa a atrapalhação sempre que preciso de mexer em algo e tenho de pensar se tenho de voltar a desinfectar as luvas e as mãos. Os altifalantes repetem para mantermos a distância de segurança e o ar é frio porque estão a forçá-lo para estar sempre renovado. Ainda assim, uma senhora vem pôr-se colada a mim num corredor vazio, de congelados. Penso em dizer-lhe alguma coisa, mas prefiro ir-me embora a praguejar entre dentes. Chego ao carro, ponho as compras em sacos, tiro as luvas, desinfecto as mãos, vou pôr gasóleo, começo a pensar no procedimento para não tocar em nada, atesto o carro, pago e a seguir desinfecto as mãos e o cartão.

Sigo até à Graça para entregar a um amigo um frango inteiro, umas embalagens de salada e filetes de salmão. Fazemos tudo à distância de segurança. A coreografia do distanciamento é estranhíssima e cheia de passos em falso. Parece que estamos sempre a ir contra a força que nos impele para quem gostamos, como se fôssemos ímanes invertidos.

Quando chego a casa ele liga: «Trouxeste-me um galo! Tem o sangue, os miúdos e até tem a cabeça com a crista.» Respondi a rir: «Na etiqueta dizia frango do campo...!»

Amanhã vou ter a primeira festa de aniversário online e começo uma nova sessão de duas noites de «*a bedtime story*». Tantas pessoas para ligar, de Portugal ao Brasil.

/

CATARINA BARROSO

21 de Março de 2020

Comecemos pelo contexto: estou há cerca de 12 dias confinada às paredes da minha casa por causa de um vírus que ninguém achou que fosse mais do que uma simples constipação.

O coronavírus chegou há umas semanas e, assim como o Brexit, tornou-se num assunto tão banal nos *headlines*, na TV e nas notificações do telefone que permitimos que se fosse instalando entre nós de mansinho.

Na terça-feira da semana passada, dia 10, cheguei atrasada ao trabalho e deparei-me com aquilo que parecia ser um apocalipse *zombie*: dezenas de pessoas saíam do edifício, enquanto outras fumavam cigarros à porta e discutiam o que fazer. Quando cheguei ao quinto andar, foi-nos informado que os três andares de cima tinham sido evacuados porque um empregado (anónimo, que tenho descoberto que os portadores do vírus nunca podem ser nomeados, nem parecem ter caras nem famílias) tinha estado em contacto com alguém infectado com a covid-19. Nesse dia, tranquilizaram-nos dizendo que estavam a ser tomadas todas as medidas de higiene necessárias para manter um ambiente de trabalho seguro.

A conversa do dia seguinte foi bem diferente: de repente, um e-mail a dizer que mais outro «*employee*» tinha um colega de casa que tinha o vírus; histórias de outros amigos de amigos, de primas afastadas, de colegas que tinham ido à China ou a Itália começaram a chegar por e-mail, a ser postadas no Slack. Recebemos todos uma mensagem a pedir-nos que trabalhássemos a partir de casa por prevenção.

E assim tem sido. Começou (quase) oficialmente quarta-feira, dia 11 de Março, mas as notícias dos últimos dias têm sido tão avassaladoras que só hoje me senti com coragem de escrever.

A última semana e meia tem sido um misto de emoções. Há notícias que me chegam em português, em espanhol e em inglês de meia em meia hora. O telemóvel vibra e a tentação de saber as últimas do vírus é maior do que a consciência de saber que tenho que preservar a minha saúde mental. Tenho de me adaptar a uma nova forma de vida, em que as rotinas são reorganizadas na ortometria do meu apartamento de Leytonstone; ao mesmo tempo, é-me incutida a ideia de que agora que estamos todos fechados temos imenso tempo à nossa disposição. Olho para as notícias e para o meu *feed* das redes sociais e sou motivada a aprender latim, a aprender a fazer código e programação, a ficar em forma em oito dias, a aprender língua gestual e a ler todos os livros e mais uns tantos que tenho em atraso. Fico confusa com esta nova noção de excesso de tempo: tirando a população que realmente não pode trabalhar de casa, quem é que ficou com mais tempo com esta quarentena? Eu continuo a ter o mesmo volume de trabalho, com a diferença que tenho de me esforçar para não aparecer em video-conferências às 9h30 da manhã com ar de quem acabou de rebolar para fora da cama. Ou não ter restos de pasta de dentes no queixo.

Paralelamente a estes mundanismos, tenho-me angustiado com a forma como o Reino Unido tem lidado com esta situação anormal. Creio não ter presenciado nesta minha vida um movimento de negação tão grande, liderado por um governo que não faz ideia daquilo que está a fazer. O discurso de há duas semanas começou por ser bastante semelhante à abordagem que o país teve em tempos de guerra: *Keep calm and carry on* (mantenham a calma e sigam com as vossas vidinhas). A ideia era a de que se sabia que o vírus se estava a espalhar, mas mais tarde ou mais cedo todos os cidadãos o iriam apanhar, por isso mais valia adoptar a política do «*herd Immunity*» (imunidade de grupo). À medida que os casos foram crescendo, o discurso foi sendo adaptado a «quem pode trabalhar de casa, que trabalhe» e «se calhar devíamos evitar andar em transportes e espaços públicos se não precisamos mesmo de o fazer». No entanto, todas estas recomendações não passavam disso — recomendações. O governo e os cidadãos que escolhem fazer isolamento social voluntário têm de confiar que cada um sabe de si e é responsável pelos outros. Infelizmente, o resultado disto tem sido frustrante e deprimente: as pessoas continuam com as suas vidas e com a noção de que, em não pertencendo a riscos de grupo, são imortais.

Sexta-feira passada, dia 20, a maré mudou: o governo acordou — ainda que tarde — para o facto de que se não se tomarem medidas mais drásticas, estaremos a replicar o que se está a passar neste momento na Itália (se me estão a ler em 2067, a esta data a Itália tinha 4825 mortos). O governo conservador, liderado por uma pessoa que não tem noção de como qualquer classe social abaixo da média-alta vive, anunciou medidas inesperadas. Medidas que numa situação destas seriam esperadas de um governo trabalhista. Boris Johnson, o homem de cabelo de palha, o aspirante a Trump, o político que achou que ficaria na história como a pessoa que implementou o Brexit e que só tinha que tirar fotos com caras patetas e a mostrar os polegares para cima (assim, a fazer um fixolas, estão a ver?), decretou que, a partir do dia seguinte, todos os restaurantes, *pubs* e ginásios teriam de fechar e disse que se responsabilizaria por pagar 80 % do salário a quem estivesse empregado por conta de outrem. Olé.

Um dia passou desde então. As notícias continuam a debitar idas desenfreadas a supermercados, idas a jogos de futebol amigáveis. Isto angustia-me, mas tenho consciência de que não me posso deixar afectar tanto, porque senão entro numa espiral de tristeza.

O que fiz hoje, então? Acordei tarde. Mas com vontade de organizar o espaço à minha volta, de aproveitar o sol lá fora. Como a granola com iogurte e discuto o plano com o Dave: o segundo quarto precisa de cara nova, se vou ter de trabalhar a partir de lá. A cozinha, agora apetrechada com mais comida do que o normal, precisa de uma mesa de apoio para as duas caixas de vinho tinto que me vão ajudar a lidar com a quarentena. Pomos mãos à obra, e em menos de uma hora sinto-me uma dona de casa mais ou menos satisfeita: já me posso mexer ao pé do fogão sem sentir que vou deitar abaixo duas caixas de ovos ou partir três canecas.

Planeamos ir dar uma volta ao parque, mas o tempo vai voando entre notícias que se lêem e chamadas que se recebem. Se é para ir, «ao menos almoçamos antes, Dave — são quase 13h30, nem penses que saio de casa com o estômago a roncar». Decidimos dar uso à maquineta nova que comprámos: um *air fryer*, uma espécie de fritadeira sem óleo. «Agora sim, já posso comer bitoques saudáveis», pensei eu quando tomei esta decisão de pessoa que vai passar os tempos que se avizinham demasiado próxima de electrodomésticos. Sabe-me sempre bem pensar que se pode comer *comfort food* sem o sentimento de culpa de a comer no formato de fritanga tradicional. Neste caso em concreto, optámos por umas batatas doces.

Saímos de carro e estacionamos ao pé do Wansted Park. É um parque com lagos, muitas árvores e área suficiente para mantermos a distância de segurança entre outras pessoas que tiveram a mesma ideia que nós.

Vemos crianças com galochas, mulheres grávidas e alguns velhotes. Vejo muitos cães e lembro-me da letra do David Byrne: «*The Pope don't mean shit to a dog*». Tenho a certeza de que, enquanto correm, apanham paus com a boca e abanam a cauda, estes cães não querem saber deste vírus que há-de mudar a forma como todos vivemos. Seguem as vidas deles, com as suas preocupações básicas: «*am I a good boy?*», «onde é que está a comida?», «quero aquela bola». Penso que às vezes gostava de ser um bocado cão, para não me preocupar com o que aí vem.

De volta ao carro, o contador de passos diz que fizemos 6897. Nada mau. Só nos faltam 3103 para fugir à probabilidade de nos tornarmos obesos ou desenvolver doenças coronárias.

Voltamos para casa com ar renovado nos pulmões e com vontade de acabar as tarefas a que nos propusemos: a seguir ao segundo quarto, vem a programação da máquina de lavar que há-de refrescar a pouca roupa que temos usado. Sou interrompida por uma chamada do meu irmão. Coisa rara esta, a de ele me ligar a meio da tarde, com a minha cunhada em alta-voz. Durante 38 minutos, falamos do estado do mundo, da loucura em que estamos metidos e dos planos que temos para o resto do ano. À parte do plano de me casar, ainda não sei se todos os outros projectos terão de ser adiados: a ida aos Santos em Lisboa e ao Algarve, para casa da Sofia. A ida a Portugal na semana do meu aniversário, em Agosto. Neste momento, tudo o que sabemos é que provavelmente teremos de ficar assim durante mais umas doze semanas. Se chegarmos ao fim delas, depois se verá.

No fim da chamada, pego numa mala antiga do irmão do Dave que tem uns pesos de ginásio. Organizo um canto da sala dedicado ao desporto, na esperança de adoptar rotinas que me obriguem a mexer o rabo, os abdominais, as pernas e, por consequência, a cabeça. Amanhã faço exercício, que hoje ainda terei de fazer o jantar e sentar-me ao computador, para falar com as amigas.

A fome começa a aparecer: atiro umas pernas de frango para uma panela e faço uma espécie de *curry* com arroz basmati. Faltam 40 minutos para me ligar ao computador para falar com a Joana, a Carolina e a Mariana.

Carrego num *link* e *voilá*, lá estão elas.

É curioso como este vírus nos está a mostrar que, mesmo vivendo em cidades e países diferentes, podemos sempre fazer estes jantares virtuais e manter-nos mais próximas umas das outras. Encho o meu copo de vinho e falamos durante duas horas e meia. Grande parte da conversa é focada naquilo que está a acontecer, mas há espaço para falar de outras coisas.

Dentro ou fora de casa, a vida continua a acontecer.

22 de Março de 2020

Acordar não foi fácil. Dentro da confusão cronológica que se instalou no meu cérebro e corpo com o isolamento voluntário, decidi abrir caminho ao domingo que o calendário de Março de 2020 indica ser o dia de hoje.

Não programei o despertador e deixei-me ficar. Acordei por volta das 11 horas e senti-me triste.

Sempre fui assim: uns dias em cima, a sentir que posso tudo. Outros dias totalmente na merda. A minha natureza existencialista e fadista assim o ditam, mas desta vez o mundo não está mesmo a ajudar. Sinto-me sem esperança, sem energia, a duvidar de mim mesma.

Quanto tempo teremos todos de ficar fechados em casa?

Coitados dos velhos dos hospitais de Espanha e Itália.

Coitados dos médicos e enfermeiros.

Que raiva das pessoas que ainda não perceberam que TÊM de ficar em casa e que, egoisticamente, continuam a usar o metro de Londres.

E o meu trabalho? Sou *freelancer*. Está a correr bem. Mas as coisas mudam todos os dias. E se decidem não renovar o contrato?

E se fecham as fronteiras para sempre e fico aqui presa, nesta cidade em que poucos se parecem importar com este vírus, com o próximo?

E se volto para Portugal numa espécie de nova onda de retornados, onde serei mais um número e toda a minha carreira se torna insignificante?

Hoje de manhã, toda eu sou medo.

O Dave não é parvo e reparou. Conhece-me de ginjeira e pergunta-me se o estado da minha cara se deve ao estado do mundo, a uma preguicite domingueira que se vai prolongar durante o dia ou à menstruação (repito: ele conhece-me bem). Respondo que é uma mistura de tudo.

Tento distrair-me a escrever umas linhas sobre o dia de ontem. No processo, notificações, mensagens de amigos. Hoje é Dia da Mãe aqui nesta ilha: escrevo uma mensagem às mães que conheço: a Stephania, que está em casa com a Margot (2 anos acabados de cumprir) e o Michael. A Bia, que teve o desplante de ter um filho há uma semana, no meio deste caos mundial. Estou preocupada com a Bia. Sei que ela é uma pessoa naturalmente ansiosa e que o parto não correu como tinha planeado, mas sei que está bem de saúde física. A mental é que me preocupa. Se eu me sinto assim hoje de manhã, como se sentirá uma pessoa que sofre de ansiedade crónica e que não teve outro remédio senão dar à luz uma criança que levava dentro dela? Como é que é obrigarmo-nos a estar felizes, no momento mais incrível das nossas vidas, quando as pressões do mundo criam uma sensação de incerteza gigante? Dou-lhe espaço. Sei bem a importância de não querer ser importunada quando a cabeça não está para aí virada.

Mando-lhe uma mensagem só para ela saber que estou a pensar nela e que pode contar comigo. O amor, posto assim a descoberto e em modo público de partilha, nunca é em demasia.

Embora tenha amor e motivação de sobra para os outros, hoje tenho muito pouco para mim. Respondo à mensagem de voz da Stephania com uma voz que treme, um tom que em sendo forçado a falar mais oito segundos vai desabar acompanhado de lágrimas. Que raio de sentimentalismo me foi atacar neste dia de sol. Não chove, tenho um tecto, comida, papel higiénico (o novo ouro, em Março de 2020, querida pessoa que lê isto no futuro). Não tenho de estar na linha da frente de batalha contra este inimigo viral. Para já, a minha vida não está em risco. De que é que me queixo? A Stephania percebe e sugere uma videochamada mais tarde. Vamos convidar a Nataly, a nossa amiga em comum que vive em São Paulo. Sinto-me mais animada.

Vou à casa-de-banho e deparo-me com o Dave, que acaba de barbear-se. Neste momento, impera a necessidade de providenciar mais um pouco de contexto: a barba do Dave não cresce mais de 3 mm. A cara do Dave é um conjunto de feições bonitas e amigáveis, de pele que parece ter menos quinze anos do que a que tem. A cara do Dave não foi feita para ter barba, bigode ou suíças.

Sabendo do meu estado de alma, o Dave decidiu deixar um bigode ridículo, que por mais rezas, séruns de pilosidade facial ou cantares de incentivo nunca irá crescer mais do que isto. O efeito desejado foi conseguido: bastaram dois segundos para ser atacada por um ataque de riso, que é capaz de ter durado um bom minuto e meio.

O amor também é isto. Agarrarmos nas nossas fraquezas, virá-las ao contrário e hiperbolizá-las por um bem maior e comum: a galhofa.

Meia hora depois, seguem-se conversas sobre as notícias do dia. Uma delas é que se descobriu que um dos efeitos da covid-19 é a falta de olfacto e de paladar. O Dave chama-me à atenção de que há cerca de duas semanas que eu não tenho estes dois sentidos, implicando que eu possa ter tido sintomas leves do vírus.

Em dias normais, eu ter-lhe-ia dito qualquer coisa como «estás parvo? Deixa de ser paranóico». Nesta instância, ao coração deu-se-lhe para me pôr a chorar. Não é preciso envolver um psicanalista nesta conversa para perceber que as minhas lágrimas não tinham nada que ver com a porra do vírus. A minha reacção só chegou atrasada umas quatro horas: ela estava lá desde o momento em que acordei e tinha de sair cá para fora de alguma maneira. No meio dos soluços, tento pôr em palavras o que se está a passar. Digo que não sei, que está tudo misturado. Que tenho medo do que aí vem. Tenho medo de não poder voltar a Portugal. E se voltar, tenho medo de que a vida não corra como espero que corra: com menos *stress* e mais alegria por estar mais perto do sol e dos amigos.

Tenho descoberto com os anos que o cérebro não é nosso amigo nestes momentos. Trai-nos, tenta encontrar razões para justificar estados de alma, faz-se de teimoso, fecha-nos no nosso *loop* de desespero. Por isso, decido contrariá-lo e abrir a minha angústia ao mundo, com quem sei que me pode ajudar. Enquanto me acalmo, decido então mandar uma mensagem à Joana, porque tenho a certeza de que me pode dar um banho de realidade e perspectiva. Explico-lhe o que se passa e em menos de 10 minutos sinto-me imediatamente melhor. Quem tem amigos tem, realmente, tudo.

A tarde segue com a nova normalidade. O Dave liga aos pais e aos avós, depois liga-nos o Krish com os seus dois miúdos. Entretanto, decidimos sair para dar a nossa volta diária, a voltinha da sanidade mental. Abrigamo-nos bem, porque apesar deste sol de Março, o vento é fresco. Damos uma volta grande ao nosso bairro e ficamos contentes por não vermos quase ninguém. Tiro umas fotos a algumas árvores que não se esqueceram de que ontem começou a Primavera. Passamos pelo supermercado local, para ver se há massa — não há, à semelhança de todos os outros supermercados.

De volta a casa, recebo uma chamada do meu tio Nélson. Falamos do inevitável, discutimos novas rotinas e mostra-me a nova aquisição: a *Becky*, uma labrador de três meses. Como é a minha afilhada Inês que está ao comando da chamada, 3/4 desta interacção são passados a ver imagens de uma cachorra a correr num jardim, sem qualquer tipo de contexto. Deixo-me passear remotamente por esta cadela que nunca vi. É uma sensação boa. Desabafo que adorava ter um bicho destes e o meu tio tenta convencer-me do contrário porque a *Becky* já lhe comeu cabos e paredes de estuque. Parece-me um argumento legítimo.

A chamada já vai longa e tenho de ir jantar. Mais uma vez, experimentamos uma receita nova no nosso pequeno electrodoméstico, adquirido recentemente. Desta vez, vai ser uma beringela com pimenta e colorau, acompanhada de tomate e *mozzarella* e restos de anteontem. Uma delícia para as papilas, é o que vos digo.

Depois do jantar, a esperada sessão de cinema: escolhemos o documentário do Maradona («Diego Maradona», uma produção do Channel 4). Não sei muito sobre ele, tirando o facto de ser uma lenda do futebol, ser argentino, viciado em coca e ter ganho peso a mais nos últimos anos.

O filme foca-se sobretudo na sua ascensão e queda no Nápoles, mas dá bons *insights* sobre a vida dele em geral. Não vou fazer uma resenha (e sou suspeita, porque tenho uma queda por *biopics*), mas é um documento incrível para fãs de futebol, em geral, e para fãs de pessoas, em particular. A vida do Maradona é a prova de que uma boa saúde mental e a qualidade das pessoas que escolhemos como companhia é fundamental para termos uma vida feliz. Claro que todos faremos escolhas infelizes no nosso percurso; todos teremos momentos de pouca lucidez ou de pouca sorte. Porém, ter uma cabeça capaz de tomar decisões sensatas e amigos que nos dêem um par de estalos quando fazemos merda é essencial para fugir a tragédias na nossa história individual. Vão ver.

(Coitado do Maradona.)

23 de Março de 2020

Começa uma semana nova. Poderia invocar os *Monday Blues*, mas nos dias em que nos encontramos isso é um conceito *démodé*. Ainda não houve tempo suficiente para se criarem novos hábitos de quarentena que nos cansassem, que nos fizessem querer evitar os dias de semana. Os dias começaram a ser todos mais ou menos parecidos, com a diferença de que nuns acordamos sem despertador e bebemos mais vinho. Hoje começa um bloco de cinco dias em que vou ter de seguir convites de calendário do e-mail do trabalho e resguardar mais as horas do dia em que tenho de me dedicar à produtividade paga.

Começo o dia com um café e uma taça de granola com iogurte, manga, mirtilos e morangos. Recebo uma notificação do Instagram a avisar que um dos ginásios novos que comecei a seguir está a dar uma aula *live* e decido espreitar. É uma aula de barra (para os leigos, consiste numa aula que mistura técnicas de *ballet*, *yoga* e pilates). Vejo só pela piada, porque tudo o que consigo e me apetece mexer no momento são os braços. O Dave filma-me a fazer uma mini-coreografia e decido partilhá-la — o nível de parvoíce matinal deixou-me feliz, espero conseguir passar este resultado à minha rede de pessoas.

De café tomado, sento-me na mesa da sala em frente ao computador. Na semana passada trabalhei no quarto pequeno, que serve de escritório, pouso de visitas e mini-ginásio. Como há previsão de sol para os próximos dias, a sala parece-me a divisão mais motivante para as oito horas que se vão seguir.

Depois da onda de melancolia que me atacou ontem, decidi tirar as notificações de notícias do telemóvel. Tenho esperança de que isto não só não me deprima, como me ajude a concentrar naquilo que tenho de fazer.

A primeira chamada da manhã acontece todos os dias às dez. Eu, a equipa criativa e a produtora executiva do projecto em que estou a trabalhar dedicamos 15 minutos todos os dias a discutir o que há para fazer, de onde viemos e para onde vamos (em relação ao projecto, que 15 minutos não chegam para sermos metafísicas).

Rio-me da ironia do nome da reunião: *Daily Stand Up*. Nos projectos em que se trabalha em modo *Agile*, um *Stand Up* serve para tornar as reuniões mais rápidas e eficientes. Para que isto aconteça, a ideia é que todos os membros da equipa de mantenham literalmente de pé («*standing up*»), porque todos sabemos que quanto mais confortáveis estamos numa reunião, mais tendência há em perder tempo com coisas que não interessam. Nestes dias de isolamento voluntário, nem eu nem a minha equipa tem alguém a controlar se estamos sentadas, deitadas, a fazer o pino ou de pé. O que é certo é que a reunião se mantém curta e focada: lá porque não nos podem ver, queremos é despachar a lista de tarefas rapidamente.

A manhã passa meio a voar, entre avaliações de propostas editoriais de publicações com quem estou a trabalhar no Canadá, México, Brasil e Inglaterra. Uma das publicações brasileiras quer apresentar a resposta ao *briefing* por videochamada e às 12h00 um *link* leva-me até às casas da CEO e da editora, em São Paulo.

Começamos por conversar sobre o inevitável: a covid-19. Discutimos o estado de cada país, as medidas tomadas por cada governo e o que achamos que vai acontecer. Dou-me conta de que as minhas interlocutoras não perceberam que a situação no Reino Unido começa a ser grave, que confiam demasiado nos números oficiais, que não sabem que, como não se fazem testes suficientes, provavelmente o número oficial de infectados não é real e está possivelmente muito abaixo de um número que prevejo assustador. No Brasil, o cenário não é mais animador: o SUS (Serviço Único de Saúde) não é tão efectivo ou generoso como o SNS português ou como o NHS inglês.

Enquanto instituição que se assemelha mais a um modelo privatizado, há um medo generalizado de que o vírus não fará uma selecção natural dos mais fortes, mas sim dos mais ricos.

O que nos anima nesta chamada é, surpreendentemente, o trabalho. O projecto que partilhamos é financiado por uma marca grande, mas tem uma intenção boa, uma missão social clara. A perspectiva de criar conteúdos que possam ter um impacto positivo na vida das pessoas deixa-nos animadas — oxalá o cliente aprove e possamos produzir algumas destas ideias.

À hora do almoço, decido visitar as redes sociais. Dou de caras com vídeos da ida da Paula (uma amiga enfermeira) para o trabalho, no centro de Londres. Apesar de as recomendações oficiais serem «fiquem em casa, só as pessoas com trabalhos imprescindíveis à sociedade devem deslocar-se», a Central Line estava apinhada de pessoas que se acotovelavam para entrar nas carruagens. Pessoas que se voluntariaram para levar com o bafo e as mãos e os espirros de alguém que poderá muito provavelmente estar infectado. Frustração e irritação são palavras demasiado fracas para descrever o que senti. Como é que é possível que só alguns façam a sua parte? Porque é que a Paula, que cuida de pessoas todos os dias (porque foi isso que escolheu fazer), tem de arriscar ficar infectada por causa de um grupo de cidadãos egoístas, que decidem ignorar avisos e seguir com as suas vidinhas?

Berro sozinha na minha sala e decido adoptar a única forma de activismo que tenho ao meu alcance neste momento: partilhar o *post*, denunciar a situação na minha rede. Assim que o faço, vejo outras pessoas a juntar-se à minha revolta. Poderá parecer pouco, mas neste momento esta frustração partilhada alivia-me, faz-me sentir que não estou a ser injusta com o meu julgamento da situação.

Há trabalho para fazer e pouco tempo para me dedicar à cozinha. O Dave oferece-se para fazer um *brunch* tardio e eu aceito. Nunca uma torrada com abacate, salmão e ovo me soube tão bem às três da tarde de um dia de semana.

Durante a tarde, dedico-me a criar apresentações e a mais umas quantas reuniões por videochamada. Decido terminar de trabalhar antes de o sol ameaçar desaparecer e visto uns *leggings*, uns ténis e um *top*. Lanço-me à primeira e única saída do dia à rua. Apetece-me correr, apanhar ar na cara, lembrar-me de que as ruas e a minha vontade de as percorrer ainda existem. No caminho, cruzo-me com três amigas que envergam copos de vinho à porta de casa de uma delas. Uma está à ombreira, as outras estão do lado de fora do terraço da entrada — convivem respeitando a distância de segurança. A situação comove-me, porque sei que às 20h30 o PM vai fazer um aviso na BBC e provavelmente estes encontros fortuitos deixarão de ser permitidos. Sinto que há no ar um sentimento de que o mundo está para acabar, que temos todos que aproveitar os últimos minutos deste sol que se vai pôr antes que nos tranquem em casa. Este sentimento é reforçado ao cruzar-me com outras pessoas que correm, que sorriem para mim de forma cúmplice como quem diz «ainda bem que nos encontrámos nesta curva, ainda bem que tivemos a oportunidade de inspirar e expirar ao mesmo tempo nestes 3 metros que nos separam. Amanhã não sabemos se podemos fazer isto».

Volto para casa depois de 5 km, motivada para me exercitar mais. Há que aproveitar a maré de energia quando ela nos chega, por isso agarro nos pesos, no colchão e na banda de resistência elástica e passo os 40 minutos seguintes a saltar, a fazer agachamentos, abdominais e pranchas. O meu vizinho de baixo deve estar a amar esta sessão de motivação (*not*).

Tomo banho e janto. Às oito e meia em ponto, uma gravação do Boris Johnson anuncia as novas medidas: durante as próximas três semanas, não poderemos sair de casa salvo raras excepções. As saídas só podem ser feitas para comprar bens de primeira necessidade, para ir ao médico, ou para ir para o trabalho, «se for mesmo necessário» (que expressão lata, hein?). Também poderemos sair uma vez ao dia para fazer exercício. Ou seja: é um *lockdown* sem usar a expressão «*lockdown*», já que quem não cumprir estas regras poderá ser multado.

A seguir ao jantar, a minha mãe liga-me. Falamos do dia a dia e explico-lhe que não tenho nada de muito emocionante para lhe contar. Mas ela tem: com ar de criança que quer contar uma coisa da qual se orgulha mas tem vergonha de partilhar, conta-me que fez grandes avanços na camisola de croché que começou na semana passada. «Espera aí, vou buscar», diz meio envergonhada. «Olha aqui, isto é uma inovação que eu estou a fazer». Fico orgulhosa com a explicação da definição de «inovação»: a minha mãe aprendeu uma técnica nova no Youtube que faz com que a camisola não tenha costuras. A minha querida mãe, que ainda há pouco mais de um ano não sabia mandar mensagens e a quem eu tive de fazer tutoriais de WhatsApp em powerpoint; a minha mãe Palmira, que entretanto aprendeu a usar o Youtube para aprender receitas de arroz doce e para seguir as férias da família do Cristiano Ronaldo: a minha mãe já subiu mais um passo na escadinha de escape da info-exclusão e sabe que o Youtube tem tutoriais de croché. Sinto-me a tropeçar de ternura. «Agora o problema é que os chineses fecharam e vou ficar sem rolos de linha para continuar as mangas», diz. Eu respondo: «Ó mãe, mas a retrosaria aí da rua não está aberta? Se estiver e se não tiverem essa cor, compras outra.» A cara põe-se séria: «Mas eu estou a fazer uma camisola para algum palhaço? Não, não pode ser. Tem de ficar branquinha. E se ficar bem, depois faço uma para ti e uma para a Sara.»

E com esta conversa, sei que este vírus há-de passar e a vida voltará à normalidade. Esta camisola de croché vai ter de ser terminada, não é?

24 de Março de 2020

Hoje sinto que estou a entrar na engrenagem. Fico na ronha e com pouco tempo de aspirar o café e o pequeno-almoço. São 9h30 e salto imediatamente para a mesa da sala, o meu cantinho novo de trabalho.

Está sol outra vez. Decido pôr o vaso das tulipas que comprei na sexta-feira passada ao pé do computador: é sempre bom ter um ambiente *a la influencer* de Instagram que nos inspire a continuar com a saga de e-mails e videochamadas. A manhã corre sem grandes sobressaltos. Ontem tirei as notificações das notícias, mas não das redes sociais. Distraio-me com os *links* que me vão mandando por WhatsApp. A Paula manda novos vídeos da *commute* dela. Hoje é o primeiro dia oficial de *lockdown* e a linha vermelha encheu-se de pessoas outra vez. Fico revoltada, mas desta vez detenho-me nas caras das pessoas que a Paula filmou. São, maioritariamente, trabalhadores de obras com ar de europeus de Leste. Ar duro, de quem não quer saber que o mundo foi obrigado a parar. Sinto-me dividida na forma como julgo a situação: por um lado, apetece-me mandar duas lambadas em cada pessoa que se encontra naquela carruagem. Por outro, fico a pensar que a maior parte daquelas pessoas provavelmente não terá outra opção senão ir trabalhar. Terão contratos pagos ao dia? Terão, sequer, contratos oficiais ou pagam-lhes por debaixo da mesa? Gosto de pensar que estas pessoas não se exporiam a ser infectadas desta maneira por motivos mesmo importantes, como ganhar dinheiro suficiente para pagar as rendas altas de Londres ou comprar comida. Esta espécie de estado de sítio não é só esquisita, é também injusta em muitos níveis, no sentido em que não há forma de proteger aqueles que já não estavam protegidos pelo sistema.

O que é certo é que no meio disto tudo, a injustiça aterra também ao colo de pessoas como a Paula, que têm uma função realmente vital no meio desta crise.

Na senda de fugir a estados evitáveis de melancolia, procuro mensagens que me alegrem o dia. Volto ao meu WhatsApp e olho para uma das mensagens que ontem me encheu o coração logo pela manhã. A Susana (amiga/família de Barcelona) pariu na madrugada de ontem e partilhou a primeira foto do filho assim que pôde. É um Hugo de 4,060 Kg que ainda luz o inchaço de quem esteve nove meses dentro de um útero a ser fabricado. É um bebé cabeludo, cheio de pregas, de ar saudável e com um destino feliz traçado, não fossem os pais dele fazerem parte daquele grupo de seres humanos que considero incríveis. Mais um bebé a juntar-se a todos os bebés e crianças de amigos e família que já me fazem tão feliz. A felicidade dá abertura a um microssegundo de tristeza por não estar em Barcelona para abraçar a Susana e o Pedro, por não poder dizer-lhes em pessoa o quanto gosto deles. (Pessoas que me estão a ler: não se assustem. Eu sou mesmo lamechas por natureza, esta quarentena só está a agudizar este estado natural).

Sigo para mais mensagens: a Mariana da faculdade entra em contacto por causa de uma *story* que postei e falamos um pouco; curiosamente, a Andreia (outra colega de faculdade) entra em contacto ao mesmo tempo. Estas coincidências não deixam de me surpreender — é como aqueles sonhos que às vezes temos e que ganham forma na vida real, fazendo-nos ter uma sensação de *déjà vu*. Parece que o nosso inconsciente arranja maneiras de atrair acasos esquisitos.

O resto do dia segue normal: rissóis com arroz para o almoço (acho que o espírito da minha avó Deolinda está a descer sobre mim nesta fase de confinamento), mais reuniões à tarde.

Às 18h30, aula de *yoga* online. Ligo-me a um *link* que me leva a uma tipa que tem daqueles microfones Marta-OK-Teleseguros e que faz *downward dogs* num colchão em Bristol. O Dave juntou-se a esta aula, mas sem querer os *warriors one* dele interpõem-se entre mim e a Marta-OK-Teleseguros e isso deixa-me irritada. Dou-me conta de que não estou a ser uma verdadeira *yogi*: se fosse, não me irritaria assim. Canalizaria o Buddha que vive dentro de mim e seguiria para o *low lunge* sem vontade de lhe mandar um berro.

Enquanto me balanço no *warrior three* penso que, considerando o tempo que temos passado juntos, querer mandar um berro no meio desta aula é coisa pouca. Perdoo-me por me sentir uma cabra no meio de uma aula de *yoga* e sei que está tudo bem na mesma, porque nem sequer cheguei a tugir ou a mugir. Respiro fundo, dou-lhe forte no *pranayama*.

Seguimos para bingo.

Ao jantar, faço uma canja e uma omelete. Dedico-me a escrever e a ler um pouco, a discutir o dia pouco agitado com o Dave e a fazer planos para o dia seguinte. Desligamos o cérebro com a primeira coisa que encontramos na televisão: *Bridezillas*, um *reality-show* americano de *rednecks* e pessoal *white trash*, de pessoas descompensadas que provavelmente só decidiram casar para aparecer na televisão. Prometo-me a mim mesma que amanhã desligarei o cérebro com outra coisa qualquer: tenho noção de que esta quarentena nos está a dar mais tempo, mas há que aproveitá-lo bem.

25 de Março de 2020

Hoje sinto que foi um dia mais do que normal nesta nova normalidade. Tive bastantes reuniões internas, o que acabou por dar estrutura ao meu dia.

Da parte da manhã, falei com a Sohini (chefe de produção) para discutir detalhes sobre o projecto, formas de trabalhar, sobre o que pode ser melhorado. Sinto que há abertura para expor o que acho que está a correr menos bem e sinto-me feliz por poder fazê-lo e pelo resultado da conversa.

Durante a chamada, reparo que o meu vizinho da frente decidiu deitar-se em cuecas no telhado da casa dele, o que me distrai um bocado da conversa.

Este meu vizinho faz-me sentir constantemente que vivo dentro da *Janela Indiscreta*. Vive numas águas-furtadas, onde as janelas enormes desprovidas de cortinas me deixam saber a que horas é que ele se levanta, que tipos de exercício faz, qual a parte do dia em que prefere estar ao computador ou se vai para a cama demasiado tarde. O sol da quarentena forçou-o a ser criativo com a forma como absorve vitamina D e penso, por momentos, que ao menos poderia ter escolhido espraiar-se com uma sunga, uns calções, uma toalha, sei lá. Este julgamento de valor serve-me só para fazer piadas, porque na verdade quero lá saber o que ele tem vestido: como é que o posso julgar, se eu própria não mudo de camisola há três dias ou se o sutiã que tenho vestido tem saudades da máquina de lavar?

Hospitais privados exigem que o estado pague já todas as dívidas

25/03/2020

Passamos à parte da tarde, que é feita de mais reuniões com publicações no México, com *reviews* de ideias para o *site* no Reino Unido e com uma sessão em que partilhamos o trabalho com a Jacqui, a CEO. Ela fica muito impressionada com o que conseguimos até ao momento, o que me deixa contente e baralhada: é bom haver espanto como resposta a trabalho bom, mas fica-se com aquela sensação de que o pessoal não tem noção do volume de trabalho que é feito no dia-a-dia para se chegar a bom porto. Olho para o copo meio cheio, guardo a parte positiva desta reunião e encho-me de orgulho.

O dia de trabalho chega ao fim, mas como ainda há muita claridade lá fora decido sair para dar uma corrida sem objectivos específicos: vou correr para me libertar de um dia sentada em frente ao computador, a falar com pessoas em vários pontos do mundo, em línguas diferentes. O cérebro está meio torpe, assim como o corpo — por isso sinto necessidade de mexer e arejar os dois. À volta, sinto-me com energia para fazer uma aula online. Ligo-me a um *live* do Instagram e faço uma coisa chamada «*Tone & Tempo*», que é uma forma suave de nos mandarem pular como se não houvesse amanhã e fazer abdominais e agachamentos ao ritmo de um *Drum n'Bass* rafeiro. Sinto-me estoirada.

Faço o jantar e tento ligar à Stephania, mas ela não atende.

Acabo a beber um copo de vinho com a minha mãe do outro lado do ecrã, mas mantenho a conversa breve, porque quero ir ler para o sofá.

Noite feliz: acabo de ler o último capítulo d'*As Intermitências da Morte*. Penso na ironia que é ler um livro com uma distopia surrealista, no momento mais distópico e surreal que todos atravessamos.

26 de Março de 2020

Querido leitor: sei que corro o perigo de dar a entender que todas as entradas deste diário são sobre o trabalho, mas peço o obséquio de perseverar.

A parte da manhã é preenchida com revisões de propostas criativas do México, Canadá e Brasil. Há também uma chamada com a cliente, em que ela se queixa de que o seu noivo acha que ela fala alto, demasiado até, com o seu sotaque irlandês. A Amelia diz que as colegas de casa dizem que ela é uma *loud typer*. Engraçado como a convivência realça as pequenas irritações. Eu tenho-me irritado com o Dave por ele fazer segundas vozes que não correspondem à música em questão, ou por trautear tons dentro da melodia que, no fundo, acabam por criar novas músicas. É tão irritante como estar a assobiar qualquer coisa e alguém começar a assobiar por cima. Ou a mania de preencher silêncios desconfortáveis com trauteares de músicas que não existem («ta ta ri ta taaaa», enquanto interagimos com um familiar com quem não temos conversa).

Hora do Almoço: ligo-me a uma aula de *yoga*, com a mesma professora que nos deu instruções desde o seu quarto no outro dia, em Bristol. Depois de vários alongamentos, eu e o Dave saímos para dar uma volta ao bairro. Estas passeatas da hora do almoço têm sido essenciais para não enlouquecermos, para ventilar a cabeça.

À tarde, quis ser super produtiva. A ideia era escrever mil e-mails, fazer mais umas quantas chamadas. No entanto, a Micaela precisa de conversar. Sugiro uma chamada de 5 minutos, mas devia saber que nunca demoram menos de uma hora. Falamos da decisão mais difícil destes tempos de quarentena: desistir de um projecto de vida, de um sonho que anda a ser adiado. Falamos do Vasco. Tenho saudades do Vasco.

De volta ao trabalho, motivo-me com o facto de no México e no Brasil ainda ser de dia, tenho de me alinhar com eles. Falo com o Aviel, que fugiu de Nova Iorque para a *villa* da família, em Acapulco. Tem duas filhas, lá estão mais resguardados. Não sei se sabe a sorte que tem. É um homem de negócios que parece saído de um filme sobre *yuppies* no início dos anos 90, tal é a perfeição do cabelo que tem e o charme que carrega na voz. Apesar do seu ar meio Patrick Bateman, consigo confiar nele: não me parece que esteja a fazer joguinhos e é bastante flexível. Falo com a Ceci, na Cidade do México, que me dá a visão da pandemia nos países latino-americanos: continua a haver gente que precisa de sair à rua para sobreviver, por isso é impossível impor isolamento voluntário total. O contributo dela é evitar pedir comida *take away* e cozinhar, embora odeie. Reparo que ela cortou o cabelo e que a Abigail, com quem nunca tinha falado, tem uma prateleira cheia de álcool no fundo. Neste novo panorama de vida moderna, alguns socorrem-se de livros, outros de mezcal. Cada um com a sua cura.

A Stephania está livre para falar. Um copo de vinho e conversa. *It's all about motivating each other.* Focamo-nos nas coisas boas que se estão a descobrir com esta quarentena: muitas empresas vão perceber que não precisamos de estar num sítio físico para trabalharmos. Seria ótimo que as empresas descobrissem que posso estar em Lisboa. Apesar de pensar nisto com alguma frequência, estranhamente o meu confinamento tem-me dado para apreciar Londres, a minha rede de pessoas, os estímulos pelos quais estou rodeada.

Janto canja. O Dave quer *onion rings* e confirmo, com orgulho, que vou casar com uma pessoa que aprecia os mesmos *guilty pleasures* que eu (e que me tira o receio de estar a usar com demasiada frequência a palavra «*air fryer*»).

Juro que queria ver um filme interessante, mas está-se a fazer tarde. O Dave foi tomar banho e acabei a ver um programa de transformações pessoais. Como ficar 10 anos mais novo, um programa de *extreme makeovers*. Um gajo com ar de metaleiro deprimido descobre que cortar a barba e o cabelo o fazem mais novo. A inovação neste cenário é a maquilhagem. Porquê, senhores, porquê? Acho que a maquilhagem mal aplicada é o grande flagelo deste século, a seguir às *trends* de sobrancelhas. A namorada do metaleiro agradece a transformação, embora agora pareça ter mais 20 anos do que ele. O outro caso retratado é o de uma ex-alcoólica que pôs dentes novos, botox, cortou o cabelo e aprendeu a andar com uma senhora chamada «madame Storm», com «*strut*» — uma palavra que desconhecia, e que significa mais ou menos «andar com atitude».

Vou para a cama a sentir-me culpada por não ter lido mais páginas do *How I Escaped My Certain Fate*, do Stewart Lee. Ele é incrível. Porque é que perdi tempo a ver programas de merda?

27 de Março de 2020

É sexta-feira. Acordo a pensar que hoje vou ter imenso tempo livre e que vou conseguir encaixar aulas de «ginástica» online ou uma corrida no meu dia. Não podia estar mais enganada.

Não é o trabalho, mas a necessidade de estar em contacto com pessoas que me vai roubando as horas da manhã. O meu irmão liga-me para saber como estou. O André, o meu sobrinho, está numa fase tímida. Normalmente é ele quem me faz as perguntas pertinentes, mas hoje decidiu que se quer esconder da câmara.

De volta ao trabalho, organizo *conference calls* com a equipa, falo com *publishers* e preparo uma chamada difícil em que vou ter de terminar uma relação que ainda nem sequer começou. Em trabalho, acaba por ser mais fácil apontar o que está mal: reconhecer que uma relação não vai funcionar porque temos pontos de vista diferentes, ideias desencontradas, coisas às quais não vamos querer ter de ceder.

Mesmo assim, estas coisas têm de ser comunicadas em voz alta, a pessoas de carne e osso. E isso pesa sempre. Apesar destes anos todos de profissão, sei que mesmo que tente retirar emoção destas situações e interacções, elas acabam sempre por ter um efeito, bom ou mau. Por isso, sinto-me nervosa antes desta chamada. Meço as palavras, ensaio o que vou dizer, penso em possíveis respostas do outro lado.

O telefone toca e conversamos. Há compreensão, mas também alguma desilusão da parte da minha interlocutora. Se alguém tinha de ceder neste caso, era o outro lado, e isso não aconteceu. Por isso, termino a chamada com a sensação de dever cumprido e sabendo que fiz o que devia. Mais vale prevenir do que remediar, principalmente em relações laborais remotas que sabemos, a 100 %, que vão dar para o torto.

Da parte da tarde, falo com algumas publicações no México e no Canadá. Inevitavelmente, o início de conversa acaba por ser sempre o mesmo: «Como vão as coisas por aí? Qual o número de mortes? Que medidas é que o governo está a tomar? Como têm gerido as vossas vidas?» Dou-me mais uma vez conta de que as mudanças de vida nos afectam a todos de forma diferente. Tanto a Ale, no México, como a Natasha, no Canadá, precisam de carros para se deslocarem, se quiserem ir à rua. Não se podem dar ao luxo de dar uma voltinha ao quarteirão, apanhar ar com cenários diferentes: estão confinadas aos pátios dos seus prédios, às zonas mais ou menos remotas onde vivem, o que me faz valorizar ainda mais o facto de ter um jardinzinho (ainda que partilhado com os vizinhos) ou viver ao lado de uma mini-floresta.

São seis da tarde, hora do vinho. Pego no copo e dirijo-me à caixa de cartão de 5 litros que comprei antes desta loucura começar. Que classe! Sinto-me como um tio taberneiro que se serve de pinga sempre que lhe apetece, principalmente quando quer acompanhar um pedaço de queijo de Nisa cortado com a navalha que leva sempre no bolso. É um sentimento incrível em tempos de quarentena, esta coisa de ter vinho à discrição.

A noite está programada com um plano muito específico: «*power ballads*» em directo para o mundo, através do Zoom. O Dave faz parte de um grupo chamado «Ultimate Power», uma *club night* que anima as noites de Londres e Manchester uma vez por mês há mais de uma década, com música para dar à anca. Ao vivo, a premissa costuma ser simples: dois ou três gajos em palco, munidos de bandanas, guitarras e microfones insufláveis, cantam e dançam por cima de músicas dos White Snake,

Bon Jovi, Whitney Houston, Cher, Prince… quanta mais parvoíce for injectada na *performance*, melhor. Ao longo destes anos, o grupo foi angariando seguidores fiéis que não se cansam de dançar esta *playlist* pouco variada todos os meses. Para os animar durante esta quarentena, o grupo decidiu recriar a noite a partir das casas de cada um. Esta noite, vou brilhar com eles.

Aviso os amigos que acho que se vão divertir com isto e surpreendo-me por alguns deles se ligarem em directo. Às oito em ponto, os pais do Dave também se ligam, o que me deixa um bocado irritada. Sei que é uma reacção pouco simpática, mas sinto que reajo assim sempre que me sinto observada por um público que acho que não é apropriado à ocasião. É um gesto bonito da parte deles, isto de se quererem envolver em tudo o que o filho faz. Para mim, torna-se intrusivo e inconscientemente limita-me os movimentos, tira-me aquela coisa da liberdade criativa. E se me apetecer fazer caralhetes para a câmara do computador? E se me apetecer movimentar-me como nas noites em que sou feliz em pistas de dança com os meus amigos? Assola-me aquele sentimento de adolescente que não quer que um adulto seja convidado para a festa. Será errado? Se for, não há muito a fazer, porque não consigo fazer desaparecer as trombas com que fiquei só por ter uma cabeça sensata.

Ao mau humor espiritual juntou-se entretanto um mau humor físico: pedimos uma pizza às 19h57, que só acabou por chegar duas horas e meia depois (sim, sei bem que são problemas de primeiro mundo. Deixem lá queixar-me). Entre saltos do sofá para a carpete e copos de vinho, como duas fatias e acabo mal disposta. Nada que cinco *hits* dos anos oitenta e *feedback* positivo de pessoas que se estavam a divertir ao ver-nos não resolvam. A neura foi-se e sobrou energia para uma interpretação sentida da *Purple Rain* em frente ao ecrã. De Leytonstone para o mundo, eu e o Dave despedimo-nos desta noitada virtual com alegria e vontade de repetir.

28 de Março de 2020

Acordámos tarde, com o corpo em modo preguiça. Parecendo que não, tive uma semana intensa de trabalho. Demoramo-nos no pequeno-almoço e comprometemo-nos a não fazer grandes planos para o dia. Durante este período, continua a ser importante para mim ter momentos de lazer específicos. Não me obrigar a pensar e a fazer coisas que veja como «tarefas». Se é preciso pensar em planos para o futuro, principalmente relacionados com trabalho, deixo para segunda-feira. Gosto de me organizar mentalmente assim, mas pode ser também o reflexo da minha tendência para protelar e procrastinar. Ou então, estou só com uma ligeira ressaca — afinal, sempre acabei por encher o copo algumas vezes na noite passada.

Comecei a ler o *How Music Works* do David Byrne. Adoro este senhor. Acho que reúne bastantes coisas que eu admiro e gostava de ter em mim: é um bom músico, um bom artista plástico, um melómano, um *performer* excelente, uma pessoa envolvida com o mundo que o rodeia, alguém que pensa bem antes de escrever e de falar. Tem ar de ser boa pessoa. Acho que podíamos ser bons amigos. Neste livro, tem uma abordagem muito interessante em relação à música: a primeira parte é toda sobre como os locais onde a música é tocada influenciam a forma como a percepcionamos e sentimos. Explica, como exemplo, que as catedrais góticas fizeram com que as composições medievais tivessem muito poucas variações melódicas, para que se evitasse a dissonância. Que a música africana foi feita para ser vivida em contexto social, com muitos batuques e muito baile. Sob esta perspectiva, a evolução do *jazz* é interessante: nasceu como um género musical destinado a ser tocado e dançado em *social clubs* grandes, mas pôde adaptar-se a novas notas, a mudanças de ritmo mais arriscadas quando começou a ser tocado em locais maiores e a ser ouvido por uma elite que «compreendia» o som. São coisas que já me tinham passado pela cabeça de forma esporádica, mas que nunca tinha visto articuladas desta forma. Definitivamente, o contexto, a arquitetura e a geografia humana das minhas experiências musicais sempre foram importantes para determinar a forma como sinto a música. Para além da melodia, da poesia, do ritmo, ou das vozes, os níveis de felicidade sentidos no final de um concerto, do ouvir de um álbum ou de uma noite em que me apetece dançar dependem destes factores.

Falamos de lavar a casa de banho mais uma vez, mas o sofá chama mais alto. O lavatório tem estado com um aspecto cada vez mais rançoso, mas se já aguentou assim dez dias, pode aguentar onze. Decidimos também fazer experiências na cozinha e saiu-nos um belo *dahl* de côco com queijo *paneer.* A digestão é feita no sofá, com uma série nova, e da minha janela vejo cair granizo. A barriga cheia e a TV de fundo dão aquela sensação boa de dia de Natal.

De repente fez-se tarde. É curioso como o tempo passa a voar, mesmo quando se arrasta.

Os planos para a noite são simples: o Dave há-de jogar *poker* com os amigos. Eu tenciono continuar a aproveitar o sofá acompanhada da ressaca que se foi apoderando de mim e falar com o Sílvio e com a Calú mais tarde. Pego em mais um copo de vinho e junto-me à videochamada. Do lado de lá, há novidades de vida muito boas, que me deixam feliz e me fazem esquecer o empanamento mental que me assolou o dia inteiro. Partilhamos as últimas novidades, os medos, angústias, os planos esperançosos que temos e que acreditamos que se cumprirão quando esta pandemia acabar. São duas horas e tal de conversa que provam que não há nenhuma celeuma mental ou espiritual que não possa ser curada através de alegrias partilhadas com pessoas de quem gostamos mesmo muito. Ninguém sabe o impacto que esta covid-19 há-de ter a longo prazo. Fala-se de uma recessão global, de desemprego, de fome, de tempos negros. No entanto, estas conversas são o antídoto perfeito para visões apocalípticas e sensações de tremor emocional.

«Enquanto houver estrada pr'andar, a gente vai continuar», sempre foi a minha reza para tempos difíceis. «Enquanto houver internet e gente com quem falar, a gente vai esperançar» é a ladainha que acabo de criar para sobreviver a este confinamento, que ainda não sei quando terminará.

Vou para a cama feliz.

/

DANIEL BLAUFUKS

3 de Abril de 2020

Fui ver o mar, mas a polícia não deixou. Dei a volta pela Malveira da Serra, depois de ter feito algumas compras em Birre. Chegou um livro pelo correio, isto pelos vistos ainda funciona, que bom. As obras ao lado intensificaram-se hoje e está um barulho insuportável desde manhã cedo. A sirene do meio-dia toca, hora do boletim de saúde, que cada dia está mais atrasado e se aproxima mais da uma da tarde.

9886 e 246. Continuamos nos novecentos, mas as mortes sobem muito mais rapidamente. Confinamento. Quarentena. Prisão domiciliária. Isolamento. Exílio. Esta quarentena, que tem a sua origem no tempo em que os barcos ficavam isolados quarenta dias durante os períodos de peste, vai ser de mais de quarenta dias. Estamos num barco e o jardim é o horizonte, o terraço o convés. Há barcos muito mais pequenos, há barcos sem horizonte, sem convés, sem espaço, sobrelotados. Este é um belo navio e logo que chegarmos a águas mais quentes irá ser mais agradável. Agora ainda se levanta um vento gélido a meio do dia, vindo de estibordo, e que percorre o convés de ponta a ponta.

À tarde dá para ler ao sol. Mas chegam as notícias de que vai chover durante dez dias. Ufa. Lareira. Cozinha. Lareira. *Sake*. Sonhos de *sake*.

4 de Abril de 2020

10 524. 266. Chuva novamente. Fui ao mercado em Cascais, onde me deu um ataque de tosse quando cheguei. E uma leve dor de cabeça logo de seguida. O grande painel de vídeo dentro do mercado dá recomendações, mas parece estar a publicitar o NOVO coronavírus. Há sempre alguma novidade no capitalismo.

Mais um dia de frio e lareira. Uma hora a tentar acender a lareira, até esta madeira é teimosa. Passei para a salamandra. Não posso dizer que me aborreço, pelo menos mais do que antes. O que me faz mais falta é, além do óbvio, como estar com amigos, como ir a um sítio, como ver o mar, é a possibilidade, a improbabilidade de algo acontecer fora do previsto, seja um encontro com alguém conhecido ou alguém desconhecido, a possível aventura ou conversa que daí possa resultar, a promessa, no fundo, que é a cidade, a promessa de algo diferente no dia-a-dia e que vai influenciar a nossa vida. Ainda no outro dia fui a uma conferência na Culturgest, seguida de uma *performance* na Vera Cortês, onde recebi um telefonema a convidar-me para ir jantar a casa de uns amigos e por aí fora. Não foi uma noite inesperada, mas foi uma noite feliz. É isso que falta, o que quebra as rotinas e o que desvia o rumo. Aqui fechado não há surpresas, não pode haver surpresas, tudo segue um claro delinear de rotina, por muito que eu tente evitar uma rotina. O espaço é contraído e não entra ninguém.

5 de Abril de 2020

Chuva, frio, cinza, vento. Nada mais a fazer do que ficar dentro de casa. Seria bom acreditar que estou a fazer qualquer coisa útil, além de cozinhar, qualquer coisa criativa, artística, mas não sinto isso, mesmo fazendo o diário meteorológico e estando a escrever sobre as fotografias antigas. Também não peguei mais no filme dos Açores, que preciso de montar. É difícil a criação nesta tensão constante de não saber quando acaba. *Fuck.* 11 278 e 295. *Fuck, Fuck.* É uma constante espera por algo que não sabemos o que é, o que só aumenta a angústia.

6 de Abril de 2020

Tempo Tarkovsky com um pouco de Bergman vindo da serra. 11 730 e 320, números extremamente baixos. Será já um princípio do fim? Podemos ter esperança? Falava com a Rachel sobre o *workshop* em São Miguel, que é só em início de Julho, mas que ela tem medo de anunciar. Julho, caramba, Julho. Não podemos estar ainda fechados em Julho. Chove, chove, chove e não sei o que escrever porque não sei o que pensar e o que penso não merece ser pensado. A única coisa que torna isto suportável é a realidade de que estamos todos, mesmo todos, na mesma situação, e não há lugar para invejas ou desejos. Claro que há pessoas que estão melhores e outras piores, claro que há ricos e pobres, mas não é a isso que me refiro, mas sim ao facto de não estarmos doentes enquanto os outros se divertem. Nem há lugares para se divertirem. Estamos globalmente aborrecidos com a vida.

7 de Abril de 2020

Acordei demasiado cedo mais uma vez, às sete. Lá fora continua cinzento, molhado e frio, nevoeiro. Num instante a sirene toca o meio-dia, a manhã passa rápida. Os dias afinal também. A vida a correr. 12 442. 345. A curva parece estar mesmo a achatar. Mas estará? Continuo a escrever o *Lisboa Cliché*, dois ou três por dia, consoante o dia, e publico logo de seguida ainda fresco, quase uma escrita em directo, por vezes ainda corrijo alguma coisa já online. Isso obriga-me não só a escrever regularmente, como também a ser preciso à primeira, como um salto sem rede.

Estranhamente ouve-se, já há algumas noites, o mar, apesar da distância do jardim. Penso que nunca ouvi o mar daqui e só pode ser o mar, uma vaga de ruído ao longe, impenetrável mas contínua. E a lua está cheia e gigante. Amanhã será *Pessach*. E continuo a encontrar um pirilampo, sempre sozinho, como eu.

8 de Abril de 2020

Mais um dia cinzento, a acordar cedo e, maravilha, a conseguir, tal como ontem de madrugada, escrever mais um texto sobre a Lisboa de então. Fui ao mercado e abasteci-me para a Páscoa, e hoje começa *Pessach, hag sameach*, legumes, fruta, ovos, depois a mercearia, vinho, cerveja, cogumelos...

13045 e 245 são os números de hoje, a taxa de crescimento continua espectacularmente baixa, mas, se for verdade, como se processará o rescaldo e quais os perigos de uma reincidência depois do Verão?

Faço um *seder* com sopa de *matzo*, que trouxe de Budapeste em Dezembro. Abro uma garrafa de vinho. Flirto à distância. Rapidamente estou embriagado.

9 de Abril de 2020

Acordo de madrugada com a chuva a cair e não volto a adormecer. Está um dia de merda, mais um. Tenho de ir lá abaixo, esqueci-me de comprar acendalhas ontem e não podemos ficar sem elas estes dias todos. Não pára de chover lá fora. Tenho de me levantar.

Um gato ou um pássaro ou um monstro comeram-me os chouriços que tinha comprado ontem no mercado, e deixado cá fora com as compras restantes para arejarem, como sempre tenho feito. Lá se foram os chouriços grelhados na brasa, *damn*.

409. Ainda abaixo dos mil de aumento de casos, é bom.

Continua a chover.

Dois convites de trabalho, um do Goethe, outro da Electra. Assim a coisa continua a equilibrar-se. Mais a última aula hoje, que também me devem.

10 de Abril de 2020

Um pouco de sol de manhã. Pequeno-almoço cá fora, pequena alegria, ler ao sol. Sexta-feira Santa. Os dias embrulham-se uns nos outros.

15472 e 435 mortos. Hoje passou em largo os mil de aumento. Mas está um bom dia para lavar o chão e lavar alguma roupa antes que a chuva regresse.

Os dias passam, os dias correm. Leio, escrevo, faço um bolo, envio uma mensagem, vejo o Facebook, leio novamente, preparo o almoço, bebo café, leio mais uma vez. Acendo a lareira. Faço jantar. Bebo um *sake*.

O dia passa. Já foi.

/

17 de Abril de 2020

Acordei às 9h30 a ouvir a minha mãe a dizer que estava sol.

Gravei um vídeo para promoção da BoCA Bienal, em modo *vlog*.

Fui dizer bom dia à romã bebé do nosso quintal.

Passei a manhã a preparar uma apresentação da faculdade, mas quando chegou a vez do meu grupo, a internet falhou e foi um grandíssimo *flop*. Era sobre o conceito do «corpo sem órgãos», do Deleuze. Fiquei muito ansiose com 22 pessoas num Zoom, ter aulas assim é uma parvoíce.

À tarde fui *skatar* sozinhe — o tal passeio higiénico, de Santos a Santa Apolónia. Imaginei encontrar amigos no caminho e fingir um abraço desde longe. Nas arcadas do Terreiro, que têm um chão óptimo, um senhor aproximou-se bem mais perto do que o metro e meio recomendado e perguntou se eu era uma rapariga ou um rapaz. Respondi-lhe que também não sabia e fiz um *slide* com o *skate* que nunca antes tinha feito tão bem. Fiquei mesmo contente de ter tido coragem para responder assim.

Ao chegar a casa, a minha mãe cortou-me o cabelo, mas só um jeitinho, porque «esses cortes feiíssimos que os teus amigos te fazem em Amesterdão, eu não vou fazer».

Falei meia hora ao telefone com o Tomás, o meu grande amigo, que está a passar a quarentena na Lourinhã. Contou-me que só lhe apetece jogar videojogos e fazer pão e «*beefou*» a FBAUL à grande. Relembrámos festas e ele aconselhou-me a ter cuidado com os *flirts* online, que se calhar há coisas que não valem a pena à distância.

Emocionei-me com uma mensagem de saudades do Gonçalo. Tenho-o muito no pensamento, apesar de não falarmos tanto. Ele não anda nada bem com o isolamento e confessou-me que se descobriu «vampiro», da urgência de sugar a energia de amigos.

Com o Sacha troquei fotos do que temos pintado. Ele diz que «consegue ver que tenho andado a pensar muito». Tem graça, cá eu achava que andava a pintar para não pensar.

Antes de dormir, vi um vídeo de orangotangos bebés a aprender a abrir cocos.

18 de Abril de 2020

Dia menos *cozy* — acordei tarde, cheie de dores do período.

O Alex e eu chateámo-nos por uns mal-entendidos por mensagem e estamos os dois a ser egoístas e imbecis.

A Aurélia disse-me que estão a planear fazer uma excursão a todos os faróis ao pé dela, lá na Bretanha. Enviou-me um mapa e tudo! Achei maravilhoso.

Fui correr ao Jardim da Estrela.

Resolvi (finalmente!) uma chatice hiperburocrática dum seguro da Holanda.

Coisas da casa, roupa, arrumar.

Zoom com a Rita Tomás, Ana David e João Moço, que por acaso são os únicos amigos cujo nome digo sempre por extenso.

As caturras cá de casa, o *Verdi* e a *Valquíria*, andam contentes. A *Valquíria* voltou a entrar e sair do ninho. No início da quarentena tinha posto cinco ovinhos, mas deixou de os chocar. A ver vamos.

À tarde fui ao *atelier*. Comecei um trabalho com bandeiras do código de sinais, as bandeiras que significam letras na náutica. Fiz uns estudos com cotoveleiras e joelheiras. Tem havido muitos corpos em tudo o que faço.

Só fumei um cigarro.

Troquei muitas mensagens com uma miúda da qual posso estar a começar a gostar muito. Ela enviou-me uma canção chamada *Trust in Love*.

19 de Abril de 2020

Acordei tarde e fui guiar com o meu pai. Tirei a carta umas semanas antes de ir viver para Amesterdão, portanto nunca cheguei a ser muito virtuose. Tudo pelo contrário, ter-me-ia chumbado a mim própria no exame, até. Correu bem, mas quase que parti o espelho ao estacionar.

A minha mãe deu um jeito inacreditável às costas e está com tantas dores que nem se consegue levantar. Está a ser muito complicado.

Almoçámos *paella*.

A *Valquíria* pôs um ovo!

Ouvi uma entrevista do João Gabriel e achei maravilhoso. Pensei muito no que ele dizia sobre o tamanho da pintura e a relação com o nosso próprio corpo. Fui buscar cervejas e fiquei um bocadinho *tipsy* no *atelier*, que com isto do isolamento já me desabituei dos copos. Fiz uns estudos. Fui muito feliz a trabalhar hoje.

Passei no supermercado e estava vazio, lembro-me de que estava a ouvir Sopa de Pedra quando paguei.

Jantei pipocas.

O Bartolomeu convidou-me a ir passar uns dias às Caldas quando isto acalmar. Mal posso esperar, adoro a energia deles lá. Fantasiei algumas horas com isso.

Comecei a ver um anime que o Tomás me recomendou, mas não estou a sentir. É sobre um colégio de *furries* (?).

Troquei mais mensagens com a miúda de quem posso estar a começar a gostar muito. Combinámos inaugurar a temporada de cafés com gelo quando isto acalmar.

20 de Abril de 2020

É o aniversário da minha mãe e ela continua sem se conseguir levantar.

Manhã tranquila e triste. *Saw You in a Dream*, dos Japanese House, em *loop*.

O meu irmão gémeo, que está a passar o isolamento em Beirute, ligou. Está bem.

Almoçámos bacalhau com broa.

Tentei ir aos correios enviar aquelas chatices burocráticas holandesas. A meio caminho voltei para casa por me ter esquecido da carteira. Quando cheguei, estava fechado. Agora só abrem de manhã, *damn*.

Tarde no *atelier*. Muitos avanços! Muitas cores-terra! Expus tudo o que fiz desde que voltei a Lisboa no chão, quase que ocupou a sala toda. Entendi relações novas com isto.

Guião para um trabalhinho da faculdade.

Vários cigarros felizes à janela.

Vi uma série espanhola duma prisão.

Voltei a pegar na biografia da Kim Gordon. O título desta tradução tem muita graça: *La Chica del Grupo*.

Hoje não falei com a miúda de quem posso estar a começar a gostar muito.

P.S. — Falámos depois de eu escrever isto, que emoção!

Parlamento articula 25 de Abril com DGS

20/04/2020

21 de Abril de 2020

A minha mãe já está melhor, que bom!

Fui aos correios e finalmente consegui enviar aquilo.

Encontrei Z. a trabalhar ali ao pé de cravo na mão! Depois, ao subir a rua da Esperança, a Shelley apitou do carro. Tudo certo!

Soube que o Cru começou a testosterona! Que felicidade!

A *Valquíria* pôs outro ovo!

Li ao sol e o meu pai tirou-me uma fotografia em que me sinto o Tom Sawyer.

E-mails.

Almoçámos pataniscas.

Tarde no *atelier*, pintei as joelheiras e adiantei um trabalho de animação da faculdade. Bebi umas minis.

Falei muito com a tal miúda de quem estou a começar a gostar muito — conversámos sobre astrologia. Eu não percebo nada, mas acho graça ouvir quem saiba. Enviou-me este poema da Adília Lopes: «Cortinas verde pistácio como sorvetes na janela em frente. Que alegria!» Enviei-lhe um do António Ramos Rosa por mensagem de voz, sobre amizade, relógios e restos de tabaco. Que bem que sabe ouvir-nos perto.

Voltei a ver o *Amor, Avenidas Novas*. <3

Falei com o Abel, que já se curou da covid. Tem feito uns trabalhos incríveis com troncos, dá-me muita vontade de pensar mais com as mãos.

Mais poemas trocados à noite.

22 de Abril de 2020

Aula por Zoom às nove. Vimos e comentámos *Un Chant d'Amour*, do Jean Genet. Adorei! Deu-me imensa pica para começar o dia a abrir.

Um sol maravilhoso.

Fui correr de Santos até ao Terreiro e subi a colina até ao miradouro de Santa Luzia. Estavam a desinfectar a estátua de São Vicente com uma mangueira. Olhei para o rio e liguei à Catarina Vasconcelos, que vive lá perto, a ver se estavam em casa. Estavam!

Subi a rua da Saudade ainda a correr (só esse nome, que alegria!) e oiço um «bom dia» dum terceiro andar. A Cláudia e a Catarina têm sido uns enormes raios de luz estes meses.

Falámos de como foi mesmo no limite que deu para curtirmos em Berlim, há umas semanas. A Catarina atirou uma prenda para mim cá para baixo, embrulhada num pano. Era um daqueles passarinhos de barro, em que se põe água para cantar como um! Ri muito! Pus no sutiã porque estava sem bolsos. Prometemos uma visita delas ao novo *atelier* quando isto acabar e muitos jantares com amigos.

Depois do almoço fui ao *atelier* e trabalhei naquelas pinturas sobre xadrez.

Levitating, da Dua Lipa, em *loop*.

Videochamada com a Polvoàlagareiro, bem fofinho.

Falei muito com a tal miúda de quem estou a gostar muito. Passo mal com a voz dela, é tão bom. Li-lhe Miguel Hernández.

Vivo para esta emoção!

Depois do jantar estive a trabalhar na selecção da *open call* Sub21, da Bienal BoCa. Miúdos muita fixes!

Skype de trabalho antes de dormir.

23 de Abril de 2020

Dia mole. De manhã dancei na sala.

Mandei-lhe Neruda e Eugénio por mensagem de voz. Espreitei um catálogo do Morandi.

Concentração zero, avanços lentos no *atelier*. E-mails, mas poucos. Saiu uma canção triste do C. Tangana, está em *loop*. «*Cómo quieres que te quiera si no estás aquí*», diz.

Hoje preciso de muitos amigos por perto. Pffff. Por momentos, parece que a minha vida de Amesterdão nunca aconteceu.

Falámos dum poema da Centeno sobre mar, barcos e portos. Se tivesse de escolher, eu seria porto, disse à miúda de quem estou a gostar. Ela diz que seria mar e estava mesmo à espera da minha resposta.

À noite, adorei uma expo virtual de cem *frames* do Leo Adef: *Lost Tapes*, na House of Maricas.

Let's call it a day, a ver como consigo ser porto amanhã.

24 de Abril de 2020

A romã bebé a crescer no quintal e o escrever deste diário têm sido as únicas provas de que o tempo passa. «Há uma parte bué bonita num filme do Tarkovsky em que entregam uma romã como forma de amor», disse-me ela.

Ao meio-dia, aula via Zoom: «*The city as a performative object*». Comecei cheie de pica, mas rapidamente fiquei ansiose, aulas assim não funcionam. Recebi umas mensagens bem *triggering* e fui incapaz de me concentrar. Mudei de aula para uma outra que estava sobreposta, bastante menos *overwhelming*. Depois de comentar os trabalhos uns dos outros, fizemos um exercício de reflexão para nós próprios, a partir de uma série de perguntas. A última era: «Qual será o teu *second job* quando saíres da escola e não conseguires viver só da arte?»

Almocei a correr e fui *skatar* à praça da Europa. Foi bom. Sol, rápido, pouco medo. Cheirava a Verão.

Videochamada com a Polvoàlagareiro quando estava ao pé do rio. O Tomás ligou-me para falar dum trabalho, propus-lhe que apresentasse em *karaoke* e adorou.

Emocionei-me com o Bonnie «Prince» Billie a cantar a *Grândola Vila Morena*.

A *Valquíria* já pôs quatro ovinhos!

E-mails da BoCA.

Stresses com o meu irmão, sabe-se lá quando vai poder sair do Líbano.

Mandámos vir *pizza*.

Enviei poemas da Idea Vilariño, Gil de Biedma e Lorca por mensagem de voz. Estou apaixonadíssime.

Donna Haraway: Storytelling for earthly survival à noite.

/

MIA TOMÉ

30 de Abril de 2020

Dia de estreia

Hoje devia ser dia de estreia, devia ter acordado mais tarde e mais feliz. Devia estar com aquele frio no estômago e lá para o fim da tarde devia estar a caminho do teatro. Só que não.

O espectáculo não vai estrear hoje, e os teatros continuam fechados.

Estou honestamente triste. O texto pousado ali em cima da minha secretária, com algumas páginas rabiscadas e algumas falas sublinhadas, parado, à espera de dias melhores.

Claro que eu já sabia há algumas semanas que o espectáculo não ia acontecer, mas quando olho para o calendário e leio a palavra «Estreia», não dá para ficar indiferente.

Tenho saudades do teatro. Tantas. É o lugar mais bonito do mundo, por também poder ser o mais feio: ele pode ser tudo.

Hoje não vou escutar a voz da minha mãe a desejar-me «Muita Merda!». É por um motivo maior, mas não resisto às lamúrias das expectativas destruídas, e acabo por me queixar um bocadinho.

MUITA MERDA — soa bem, não soa?

Há quem diga que a expressão está relacionada com as carroças e cavalos que chegavam à entrada dos teatros, aquelas que traziam os espectadores. Ou seja, quantos mais excrementos apareciam no chão, mais público estava a chegar. E quanto mais público melhor! Era, não era? Pois era. Agora já não. Agora, quando voltarmos, vamos olhar para espectadores sentados com distância de três filas, num cenário de lotação reduzida. Ainda assim, prefiro uma sala meio cheia, do que uma sala fechada.

Dou por mim mergulhada em pensamentos em que converso com o deus Dioniso, e lhe suplico para que em reuniões do Olimpo ele consiga pôr uma cunha que nos faça voltar aos teatros, às salas, aos palcos.

Diria que neste tempo de quarentena, pedir e orar ao deus Dioniso é sobretudo fundamental: omnipotente Ser que pode auxiliar-nos, não só em questões teatrais, mas também em assuntos do vinho, não fosse ele o deus a quem calhou a melhor pasta.

Só tenho pena que de «muita merda», tenhamos passado para «uma bela merda». De qualquer das formas, tento manter-me positiva e não aprofundar maus pensares.

Como escreveu o senhor Shakespeare no segundo acto de Hamlet: «*There is nothing either good or bad, but thinking makes it so.*»

1 de Maio de 2020

Faltam-me as palavras

Faltam-me as palavras, e queria tanto escrever um poema! Um poema sobre como é chato e aborrecido estar há tantos dias em casa. Mas isso ia ser ainda mais chato e mais aborrecido. Escrever um poema sobre quê? Sobre cozinhar? Sobre limpar o pó? Escrever um poema sobre o pensamento e o ócio?

Talvez devesse tentar abordar a minha capacidade de autoconsciência. Ou talvez ainda, escrever uma ode ao tempo e sua densidade. Ou escrever sobre como é difícil perceber que os buracos negros são apenas deformações no Espaço-Tempo. Ou sobre a gravidade estar relacionada com o tamanho da massa. Ou então dissertar sobre o vírus não estar morto, nem vivo, e no entanto não ser um *zombie*, porque os *zombies* não existem.

POEMA PÉSSIMO
(à semelhança dos dias)

Regressar ao trabalho é utopia
Voltar aos abraços é ficção
Arthur C. Clark já nos escrevia
Uma nobre solução.
O vírus é tão perigoso
Absurdo está o planeta
Pior que um *hit* piroso
É o disco ficar na gaveta
Leio os contos de Tchekhov
Penso em fugas para Moscovo
Ir pr'o teatro ninguém pode
Estrear o espectáculo novo

2 de Maio de 2020

Tola Fantasia

Às vezes pergunto-me, se a agulha do nosso gira-discos não vai ficar gasta! Põe, gira, vira e volta a tocar, tira, põe outro, gira, vira e toca outra vez: são assim algumas das nossas horas no sofá.

Lembro-me da Patti Smith escrever algures no seu *Apenas Miúdos*, que repetia infinitamente a escuta dos pouquíssimos discos que tinha na altura, porque lhes serviam de consolo.

Felizmente a nossa estante musical é vasta, mas o consolo de escutar é de facto uma massagem à sanidade emocional.

Posso adivinhar como seria tudo tenebroso, se não pudéssemos ouvir música, se não pudéssemos flutuar entre canções. *Shot of Love* do Bob Dylan, tem sido um favorito por esta quarentena, só a capa já me alegra, e claro, as canções fazem o meu coração bater melhor — quase que me fazem pensar que estou em casa há mais de um mês, não porque sou «obrigada», mas apenas porque me sabe bem estar deitada na sala, a ouvir a voz do Bob, como se não houvesse amanhã.

Sinto-me tão repetitiva. Tão farta. Tão cansada. Tão chata. Tão chorona. Tão respondona. Tão saudosista. Tão trocada. Tão sem rei. Tão com *rock*. Tão cheia de vontade de sair por aquela porta fora e começar a correr sem parar, em direcção à casa dos meus amigos, que no meu inconsciente, assim como num sonho tolo, vivem todos na mesma casa. E eles estão todos lá. Todos mesmo. Todos de copo erguido na mão, prontos para me receber. E depois, quando chegasse, quando eu entrasse naquela casa, brindávamos de forma efusiva. E então começávamos a cantar. Alguém aparecia com guitarras, com pandeiretas, com microfones, e eu bebia muito, bebia muito como daquela vez em que quase adormeci num táxi.

Líamos poemas em voz alta. Imitávamos cenas dos filmes do Billy Wilder. Voltávamos a brindar. Íamos todos rir, rir até doer a barriga, e aí uma bola de espelhos descia do tecto, os sofás afastavam-se sozinhos, e das colunas saía a *Africa* dos Toto.

... ... Dançar, dançar sem mais não.

Que verbo tão bonito...

Dançar.

Depois, olhei para o relógio, reparei que já era tarde, peguei na biografia do Cesariny que ando a ler e, poucos minutos depois, estava a dormir. Não há assim tantos dias surreais como estes que estamos a viver.

3 de Maio de 2020

Quotidiano gasto
Utópico palco
Ansiedade desmedida
Rock n' roll de ter por casa
Escutar discos sem parar
Nuvem que fica
Tempo psicadélico
Euforia encaixotada
Náusea
Adormecer outra vez

4 de Maio de 2020

Olhar a rua

Hoje fui à rua, já estava na altura de andar um pouco mais do que cem metros à volta do meu prédio. Fui andar de bicicleta, pedalar na cidade vazia, onde a Baixa parece casa de fantasmas e a Avenida um *plateau* de filmagem, onde tudo é cenário. Nada parece verdade e o tempo tem outro sabor.

As ruas estão desocupadas, o verde está mais verde, as flores existem em maior quantidade, os pássaros cantam e os carros não passam. O rio está azul e o céu já não tem aquela nuvem de pó castanha.

Colhemos flores para pôr em casa, papoilas e malmequeres, vamos deixá-las secar.

Os livros e os filmes já não nos chegam para acalmar a inquietação, temos vontade de viver, viver em carne e osso.

Olhar a rua, que me lembra azul
que me lembra saudade,
que me lembra amigos,
que me lembra festa,

que me lembra serpentina,
que me lembra circo,
que me lembra trapezista,
que me lembra altura,
que me lembra medo,
que me lembra avião,
que me lembra viagem,
que me lembra mundo,
que me lembra espaço,
que me lembra infinito,
que me lembra amor,
que me lembra música,

Hoje olhei a rua, e lembrei-me por que tanto gosto de viver.

5 de Maio de 2020

Sonhos

Hoje tive um ensaio, que é como quem diz: abri o computador, liguei o micro e a câmara, e estava a ver os meus colegas através de um ecrã. Detesto chamar a estas reuniões ensaios, ensaios são ao vivo. Um ensaio é ver os perdigotos do colega a saltar, quando este se entusiasma a dizer o texto.

É claro que, ainda assim, me sabe bem olhá-los e ouvir-lhes as vozes, sinto falta deles.

As saudades têm-se manifestado por todos os lados; os sonhos, por exemplo, parece que são cada vez mais preenchidos com lugares, pessoas e tempo.

Nesta quarentena já tive grandes conversas e viagens por estas madrugadas fora. Recordo-me de andar por Manhattan a tentar apanhar um metro que ia para Coney Island, acabei por ir parar a Poconos, no estado da Pensilvânia.

Algures noutro sono, sonhei que estava a ensaiar um espectáculo em que uma orquestra tocava, quando avancei para a boca de cena, os Sensibles Soccers surgiram do fosso.

Esta noite sonhei com um amigo, escrevi-lhe de manhã quando acordei. No sonho, eu estava à entrada de um auditório cheio de pessoas,

Teatro só volta às principais salas depois das férias

05/05/2020

que pareciam estar numa palestra. Ele estava lá, sentado nas cadeiras vermelhas. Reconheci-o de costas por causa da *t-shirt* às riscas, ele virou-se, acenou-me e veio na minha direcção para darmos um abraço.

Quando voltaremos a estar assim, em abraços desmedidos?

Tenho vivido mais nos sonhos do que na vida. Fico transtornada por sentir que estamos a perder tempo, mas se calhar estamos só a ganhar. A sofreguidão dos momentos já nos fez estragar muita coisa.

Penso na Ana Hatherly e de como os seus desenhos me lembram sonhos, como me lembram uma narrativa desconstruída, mas cheia de densidade, fico tranquila a olhá-los. A sua obra ensina-nos a perceber que podemos sempre reinventar.

Respiro fundo, pego nas minhas aguarelas e tento preencher o vazio da folha branca.

6 de Maio de 2020

Filmes

O cinema é uma das melhores coisas que este mundo tem, sinto falta de entrar numa sala, de me sentar no escuro e de ser engolida pelas imagens que a tela nos dá. Se hoje pudesse, estava no cinema.

Tenho visto alguns filmes, e na verdade posso dizer que o Marcello Mastroianni tem sido uma excelente companhia. Fizemos uma maratona de filmes italianos cá por casa, e claro que não dá para ficar indiferente ao senhor Marcello. Acho que o meu pequeno amor por ele cresceu quando o vi num filme do Manoel de Oliveira, chamado *Viagem ao Princípio do Mundo*, foi o último filme em que Mastroianni entrou, e isso para mim sempre teve qualquer coisa de muito especial.

La Grand Bouffe, de 1973, uma co-produção francesa e italiana, onde quatro homens decidem fechar-se numa casa para comer até morrer, muito resumidamente é isto. Quão irónico é vê-lo em tempo de confinamento, quando a gula ganha vontade e o sair é proibido.

Mas hoje acordei com *A Foreign Affair*, do Billy Wilder na cabeça, acordei a pensar na voz da Marlene Dietrich, falámos dela ontem à noite, antes de adormecer.

Quem me dera logo, ao fim do dia, poder ir até à Cinemateca, pegar no jornal da programação, levar uma folha de sala e sentar-me confortável à espera de que o filme comece. Adoro aquele lugar. Normalmente, enquanto espero, gosto de olhar para a porta para ver quem entra, isto porque, por norma, entra sempre alguma cara conhecida. Consoante o filme, quase que consigo adivinhar quem é que vou encontrar.

A aura da Cinemateca tem destas coisas, é dos lugares mais bonitos de Lisboa. Se pudesse, hoje estaria lá, subiria as escadas depois de comprar o meu bilhete e ia até à livraria, depois ia pedir um café e descia para não me atrasar. O conforto que é aquela sala, o som, a tela, o cheiro...

Faço figas para que em breve possamos voltar.

7 de Maio de 2020

Avó

Hoje o telefone tocou demasiado cedo, era o meu pai. Atendi.

O meu pai ligou demasiado cedo, porque tinha uma notícia para mim.

O meu pai tinha uma notícia triste para me contar.

A minha avó tinha-nos deixado. A minha avó morreu.

Hoje é um dia triste.

Sempre vivemos longe uma da outra, o que significa que não a abracei tantas vezes como queria, não pude almoçar sempre com ela ao domingo, nem passear de mão dada pelo parque. A minha avó era a melhor contadora de histórias, adorava a cidade de Colónia e tinha um cabelo muito forte que eu sempre cobicei.

Hoje a minha avó morreu, num tempo estranho em que não podemos dar beijos, nem apertar com força quem amamos.

Já não tenho avós, era ela a última, viva, meiga, frágil. Há uma sensação de orfandade qualquer nesta perda. Já não tenho avô, já não tenho avó.

Já não poderei mais ligar-lhe ou dar-lhe festinhas na cara. Já não poderei mais ouvir as suas aventuras, pela Alemanha de que ela tanto gostava.

Hoje era o aniversário do meu avô Albano e a minha avó morreu, não acredito que possa ser mera coincidência.

As memórias são relíquias, diria que na verdade são a única coisa que é realmente nossa. Agarro-me a elas e sorrio-lhes, falo baixinho e agradeço-as.

Tenho a minha avó para sempre, até que a memória me falhe.

E o meu amor por ela: infinito.

Trabalhador em layoff perde dois a três salários no final do ano

06/06/2020

Racismo: Milhares saíram à rua, também em Portugal.

"I can't breathe" foi o grito de revolta da minoria negra que se tornou num grito de defesa da democracia nos Estados Unidos

07/06/2020

Estátua de Padre António Vieira vandalizada em Lisboa

12/06/2020

Pequim fecha-se perante iminência de segunda vaga

18/06/2020

Como a covid-19 acelerou até aos dez milhões de infectados no mundo

Portugal falha redução da disparidade salarial entre homens e mulheres

29/06/2020

Fogos na Amazónia fazem antever um ano destrutivo

03/07/2020

Ennio Morricone: Morreu o "imperador" das bandas sonoras

07/07/2020

Jair Bolsonaro infectado pelo vírus que tanto subestimou

Aerossóis do vírus viajam metros em locais fechados

08/07/2020

Vacina de Oxford "segura" e sem efeitos secundários

17/02/2020

Bares e discotecas vão poder abrir com regras de cafés e pastelarias

30/07/2020

Medidas de restrição para 70 % dos portugueses

01/11/2020

Casamentos só podem ter mais de cinco pessoas na parte religiosa

04/11/2020

Eleições nos EUA: Recusa de Trump em reconhecer derrota atrasa discurso de vitória de Biden

07/11/2020

Eficácia da vacina anticovid não está provada em maiores de 75 anos

28/11/2020

PARTE II

/

VÍTOR PINTO

29 de Novembro de 2020

Querido diário,
A J. convidou-me a escrever-te nos próximos oito dias, e eu aceitei o desafio. Prometo submeter a realidade do mundo ao filtro das minhas percepções — e evitar os delírios das minhas (auto)ficções. Inicio-te a um domingo — o dia do Senhor nunca foi dos meus favoritos. Escrever-te será como pecar: incluirá pensamentos, palavras, actos. E omissões — estou demasiado consciente de que um dia poderás ser publicado.

Combino com o L. irmos à aula de pilates com a professora brasileira que arranja sempre um pretexto para comentar algo sobre o FCP e o Sérgio Conceição. Como não sigo a bola nunca entendo as suas piadas, mas acho graça ao quão inusitada ela é ao conseguir introduzir esse tipo de comentários sempre entre um *hundred* e um *spine stretch*. Como sempre, desinfectamos os colchões antes e depois da aula. Guardamos as máscaras até ao último segundo antes de começarmos o aquecimento. Mantemos as distâncias. Joseph Pilates, que era um *bad ass*, rir-se-ia de todos estes cuidados. Mas eles são fundamentais. A aula foi excelente. A equipa de limpeza entrou para desinfectar a sala. Eu saí reconciliado com o mundo.

Confinamento marcado a partir das 13h00. A actividade física da manhã dá lugar à preguiça, que por sua vez se torna numa dessas sestas épicas. Tenho a sensação de que as minhas sestas são sempre mais reparadoras do que o sono nocturno. O direito à sesta deveria estar consagrado na Constituição.

Desço até ao jardim do condomínio, praticamente vazio em qualquer época do ano. Cruzo-me com uma vizinha idosa, que está a «esticar as pernas» com a filha. Naquele jardim passei parte do confinamento da Primavera. E ali volto agora. É dos poucos sítios onde posso estar sem máscara e em segurança. Eu, que sou pouco dado a felinos, fiz amizade com uma gata cinzenta que por lá anda. Tem coleira, é domesticada, mas precisa de escapar de vez em quando de um dos apartamentos. Gata pula cerca, portanto, e inesperadamente carinhosa para um felino. Mas continuo a preferir a interacção com cães. Quero adoptar um.

30 de Novembro de 2020

Às segundas acordo sempre escandalosamente cedo. É como se o meu corpo despertasse para a ansiedade da semana de trabalho. Nunca falha, mesmo em segundas com tolerância de ponto, previsivelmente mais calmas. Olho para a agenda: hoje não há zooms. Boa.

Desde que começou a segunda vaga (se é que alguma vez saímos da primeira, se é que esta pandemia não é uma longa vaga contínua e sem fim à vista) que estou essencialmente em teletrabalho, com idas esporádicas ao escritório. Nos últimos meses, o Rivoli teve, como tantos outros teatros, de interromper as suas actividades presenciais. Adaptou-se, reagendou espectáculos, redefiniu horários — e fez umas quantas apostas inesperadas na programação online. Sinais dos tempos. Durante todo este período, tive a sorte de poder proteger-me do vírus, trabalhar à distância e manter o salário por inteiro. Nos tempos que correm, no sector cultural, isso é um privilégio.

À hora do almoço aproveito para ver o último episódio de *The Undoing*. Gosto do facto de a HBO lançar apenas um episódio por semana. Às vezes, esperar é bom — digo eu, que sou impaciente por natureza. Tenho um dom para adivinhar o final das séries — e para descobrir quem é o assassino. Acerto quase sempre. Não chego lá por dedução, mas por intuição. E às vezes a minha intuição assusta-me. Não funciona só com as séries. A minha intuição é uma selvagem.

As redes sociais relembram-me sadicamente de que há um ano estava em Malta. Aquela pausa *between jobs* levou-me, mais uma vez, ao sítio onde sou mais feliz: ao Mediterrâneo azul. Tomei banhos de mar em Novembro e isso ninguém me tira.

1 de Dezembro de 2020

Hoje é feriado, consigo dormir até mais tarde. Tomo o pequeno-almoço no café da esquina, antes de ir nadar. O café está cheio e tenho de ocupar um lugar na esplanada, apesar do frio. Os meus vizinhos de baixo sentam-se na mesa do lado e falam (demasiado) alto, como sempre. Reviro os olhos, coloco os auscultadores e rezo para que a música do Spotify se sobreponha ao modo como eles projectam a voz. Nina Simone — volto sempre a ela — canta *Ain't Got no Home* aos meus ouvidos...

Às vezes, o mundo é mais suportável quando o olhamos como se estivéssemos dentro de um videoclipe.

A aula de hidroginástica acabou e o balneário enche-se de velhinhos energéticos, enquanto eu me preparo para ir nadar. Nunca nado mais do que vinte/trinta minutos. Não sou um desportista nato. Depois de umas quantas más experiências, nos tempos de liceu, com desportos competitivos que não me interessavam minimamente descobri, anos depois, a natação, o ioga e o pilates. Depois da piscina, à saída, cruzo-me com um dos professores de pilates. Falamos um pouco, relembra-me a aula de amanhã e despede-se de mim como se eu fosse cancelar a matrícula e nunca mais me pusesse a vista em cima: «Tudo de bom!»

As *stories* do Instagram enchem-se de laços vermelhos. Relembram-me que houve outra pandemia antes desta e que em quase quarenta anos de investigação não se encontrou ainda uma vacina. Relembram-me que os fármacos permitiram melhorar a qualidade de vida dos pacientes, mas não apagaram o estigma social que é ser seropositivo. Às 13h00 começa o recolher obrigatório para tentar achatar a curva desta nova pandemia, bem mais recente do que a sida. A covid-19, pelo menos, terá uma vacina para breve. Ou isso dizem.

Apesar de ser feriado, resolvo abrir o *laptop* e respondo a alguns e-mails de trabalho, sobretudo aos que chegaram de fora de Portugal. Os estrangeiros, mesmo que tenham sido bons alunos a História, não são obrigados a saber que em 1640, e nos anos que se seguiram, Filipe IV de Espanha enviou mais tropas para a Catalunha do que para Portugal e que, em parte graças a isso, o nosso país, nação valente e imortal, conseguiu restaurar a independência, enquanto a Catalunha continua espanhola até hoje. Houve uma época em que estava zangado com Portugal e achava que este era o feriado mais triste do calendário. Achava também que Portugal e Espanha, unidos numa Ibéria republicana, estariam melhor juntinhos do que separados. Talvez ainda ache o mesmo, mas, entretanto, já fiz as pazes com Portugal.

Retomo a leitura de *Um Apartamento em Urano — Crónicas da Travessia*, do Paul B. Preciado. Estou fascinado com este filósofo-cobaia, com a sua escrita, com a sua lucidez, com o seu radicalismo antibinarismo, com a sua... ia dizer coragem, mas, numa das suas crónicas, Mr. (A)Preciado faz questão de dizer que tudo o que fez na vida (e que vida!) não foi com coragem, mas com «entusiasmo e júbilo». Gosto. Entusiasmo e júbilo não têm estado na ordem dos meus dias ultimamente.

2 de Dezembro de 2020

Acordei às 5h30 da manhã. Levantei-me às 7 e às 8 já estava a comer um *croissant* misto e a beber um galão, enquanto o Spotify me informava sobre os meus gostos musicais naquele que foi/é, cito, «o ano mais longo de sempre». Fico a saber que o meu top 5 de géneros é: 1) MPB; 2) *Classical Performance*; 3) *Compositional Ambient*; 4) *Permanent Wave*; 5) *Chanson*. Se alguém souber o que é *Compositional Ambient* e, sobretudo, *Permanent Wave*, agradeço o esclarecimento.

Hoje, a labuta é um *mix* de teletrabalho (da parte da manhã) e presencial (da parte da tarde). E mais um Zoom. E mais um orçamento. E mais dois procedimentos. E mais umas quantas coisas pendentes. Os anos passam e eu continuo a espantar-me com o hiato entre a fluidez do planeamento e os obstáculos da execução.

A aula de pilates, ao fim da tarde, deixou-me de rastos. À saída, o professor não me desejou «Tudo de bom». Estará chateado comigo? Terei falhado no *teaser*?

3 de Dezembro de 2020

Há muitas coisas que me escapam neste mundo. A última delas é o sucesso da colecção do Lidl. Por afinidade sonora penso que o sucesso da Liddell (Angélica) também me escapa. Mas o que me escapa, acima de tudo, é acordar às 6 da manhã e que sejam essas as primeiras coisas que me passam pela cabeça... Depois volto a adormecer.

Está frio. Digam o que disserem, continuo a achar o Inverno contranatura. Estou a precisar urgentemente de sol ou de passar um Inverno inteiro em Maiorca. Como Chopin.

A minha capacidade de concentração atinge níveis historicamente baixos. Tenho de preparar o saco de viagem.

Devíamos nascer com o dom de cancelar os dias inúteis, como o de hoje.

Grupos que não são de risco só receberão a vacina a partir de Julho

02/12/2020

4 de Dezembro de 2020

Está um tempo horrível. É por causa da Dora — a maior parte das depressões, tempestades e furacões têm nomes femininos. Parece que na próxima semana chegará o Ernesto — um nome masculino, para variar. Mas, na realidade, o género não importa, já diria Preciado. Dora ou Ernesto, os danos serão parecidos. E as neuras colaterais também.

Depois de mais um dia de trabalho, apanho o Alfa para Lisboa. O ar condicionado quente dá-me sono, mas dormir de máscara, com calor, numa carruagem com pouco distanciamento social não é uma tarefa fácil.

Leio que *Um Apartamento em Urano* foi também editado no Brasil e que, amanhã, o Preciado vai participar numa conversa com Caetano Veloso no âmbito da FLIP, que, este ano (como não), é totalmente online. Caetano, por seu lado, está a lançar *Narciso em Férias*, um capítulo do seu livro *Verdade Tropical* que se autonomizou e virou objecto transmédia: um novo livro, um novo EP, um novo documentário, que vou ver no domingo no DocLisboa.

5–6 de Dezembro de 2020

O melhor de Lisboa continua a ser o clima (afinal, Dorinha demorou a dar o ar da sua graça e antes da sua entrada em cena estava um sol lindo). O pior de Lisboa continua a ser o estado da calçada portuguesa.

Em fim-de-semana de confinamento obrigatório a partir das 13h00, passo muito tempo em casa do C., que tem cada vez mais plantas e está cada vez mais acolhedora. Conheço estes casos. Começamos por comprar uma planta e acabamos a viver numa floresta. Há coisas piores — e a única coisa boa desta pandemia, até agora, é que há cada vez mais pessoas a (re)descobrirem os encantos das plantas.

Andamos há demasiados meses nisto dos (semi)confinamentos, das máscaras e da redução da expressão física dos afectos — e isso é tão mau quanto um Inverno longo, sem luz e com temperaturas negativas. Estamos frios, incrédulos, impacientes, hipersensíveis ao ruído, fartos do isolamento do mundo e, ao mesmo tempo, perdemos competências sobre como lidar com um mundo que, diga-se de passagem, está cada vez mais mal frequentado... Escrevo «estamos» sem qualquer pretensão de falar em nome de um colectivo. Se o fizesse, porém, talvez não estivesse longe da realidade. Ainda assim, o povo resiste. Temos fome de gente (boa), fome de cultura (boa), fome de escapismo (bom); ninguém aguenta mais as estatísticas diárias, as restrições da DGS e afins. Ainda assim, dizia eu, o povo resiste. Ver o Grande Auditório da Culturgest cheio de gente — devidamente mascarada — a um domingo de manhã, em plena era covid, para assistir a um documentário, é, porém, mais do que resistência: é instinto de sobrevivência.

Quanto a *Narciso em Férias*, é um filme despretensioso, que assenta exclusivamente no carisma envelhecido e na enorme capacidade narrativa de Caetano, que vai discorrendo sobre os dois meses em que esteve preso, durante a Ditadura Militar, acusado de cantar o hino brasileiro com ritmo tropicalista. Caetano foi interrogado e descrito nos relatórios dos militares como um homem «subversivo e desvirilizante» (aquele que promove a corrosão da virilidade — *LOL*) — quem sabe, por isso, potencialmente dado a travessias questionadoras da moral dominante, como a que Preciado iniciou há anos quando Beatriz, empoderada de filosofia e testosterona, se transformou progressivamente em Paul B.

Num mundo pós-covid — para quando? — deveria haver mais Preciados e Caetanos. Mais arrojo e júbilo. Menos burocracia e obscuridade. Mais audácia e meritocracia. Menos cobardia e compadrio. Mais talento e oportunidades. Menos mediocridade e endogamia. E mais plantas. Enquanto transplanto, com C., uma planta de um vaso para outro vem-me à cabeça a máxima d'*O Leopardo*: «Tudo tem de mudar para que tudo fique na mesma.» Será assim também com esta pandemia.

/

16 de Dezembro de 2020
Queluz

O despertador tocou às oito e meia. Com o sono a semicerrar-me os olhos e o corpo a pesar-me, rastejei para o chuveiro, onde continuei gelada, mesmo debaixo de tanta água quente! Demorei tanto tempo a sair de casa que, quando saí, já estava atrasada. Escolhi música para começar o dia e apressei-me na rua. Pelo canto do olho, pressenti olhares de homens a desviarem-se da estrada e a pousarem nas minhas pernas — olhares machistas e desprezíveis! —, uma, outra e outra vez. Cheguei mesmo a tempo.

Depois, ainda com algum tempo até ao almoço, escolhi um vinil — *To Bring You My Love,* da PJ Harvey. Cantei aos berros, toquei, dancei. Liberdade e alguma pena dos vizinhos! Não há dia em que não tropece no charme desta senhora, a minha deusa.

As aulas foram um pouco frustrantes e aborrecidas, pouco produtivas. Mesmo assim, o T. faz-me sempre rir, estar com ele é reconfortante, podemos falar de tudo e de nada, sem que o silêncio seja constrangedor. Quando saímos da escola ainda ficámos algum tempo a conversar, mostrei-lhe a música em que tenho andado a trabalhar com a L. e fiquei muito contente por ele ficar tão entusiasmado. Também falámos sobre as vertigens que sentimos por já estarmos no último ano da escola, sobre as incertezas que sentimos em relação à faculdade.

Já em casa, pouco depois das sete, peguei na guitarra e não a larguei até ao jantar. Comecei a tentar tocar com a L., uma amiga que conheci este ano de uma forma improvável, há cerca de um mês. O D. também me convidou há pouco para tocar com ele, pelo que estive a tentar aprender a tocar uma música que já está escrita. Estudo autodidacta. Passava pouco das nove quando jantei com a mãe.

17 de Dezembro de 2020
Queluz

O sol que invadia sorrateiramente o meu quarto acordou-me pelas dez horas, vantagem de só ter aulas à tarde. O dia começou com coisas simples, tarefas quotidianas: fazer a cama, estender roupa, arrumar a loiça e afins. Debrucei-me depois sobre a minha secretária e aproveitei a manhã livre para desenhar, enquanto ouvia música e *podcasts*.

Nas aulas de português, as horas passaram rápido na companhia de Pessoa, senti tudo de todas as maneiras, vivi tudo de todos os lados — nas suas próprias palavras.

Já se passaram meses e esta estranheza ainda não se entranhou, ainda é estranho ver meias caras, medir todas as distâncias... Não ter todos os dias aquele abraço. Os minutos entraram em suspensão, o tempo foi adiado para uma altura indefinida. Mas os sonhos continuam em nós, aqui e agora.

Hoje cheguei tarde e preguiçosa a casa. Mais uma vez, eu e a mãe jantámos a ver alguma coisa e assim adormecemos, abraçadas; depois fomos para a cama. Ironicamente, não consegui adormecer. Dois milhões de pensamentos abateram-se sobre mim e todos eles me inquietavam: revivia o passado, sonhava com o futuro. Várias sombras povoaram o meu quarto e aquele olhar apaixonado voltou a fitar-me, já não lhe sei resistir. Lá fora chovia e decidi ouvir música. Passaram-se mil coisas e, é claro, adormeci tarde, com o corpo envolto em lençóis lavados.

18 de Dezembro de 2020
Queluz

Antes de dormir tenho sempre milhas a percorrer, dias inteiros por assimilar, mil sonhos por desenhar. E não há melhor sítio do que o conforto da cama para sonhar e relembrar os dias. Por vezes, antes de dormir, os meus dias passam-me à frente dos olhos.

Demorei eternidades a tomar banho, deixei tudo escorrer. Depois ocupei-me de diversas coisas — estudar, tocar — e segui para a escola com os *Sonic Youth* a guiarem-me pelo caminho. As aulas foram leves e entreguei o trabalho de oficina de artes. Saímos mais cedo e dei uma volta pelo parque, com o T., que está sempre ao meu lado. FÉÉÉRIIAAAAASS!!!

Como combinado, fui ter com a A., a minha prima. Ela é alguns anos mais velha, mas ultimamente tem-se tornado uma grande amiga. Lanchámos e passámos o resto da tarde juntas. Tosta e galão, muitas conversas e muitos risos. Falámos de tudo: das nossas aulas, dos nossos projectos, histórias, sonhos e receios. Já de noite, deambulámos pelas ruas até encontrarmos um lugar que não estivesse molhado. Partilhei com ela os meus segredos amorosos, o que acabou por ser uma longa conversa. Ela também me perguntou sobre este diário que estou agora a escrever. Quando achávamos que íamos regressar a casa, começámos uma conversa

Quatro em cada cinco voltaram ao local de trabalho na segunda vaga

17/12/2020

muito interessante: questões ambientais, um mundo de plástico (cérebros incluídos) e só o frio nos separou.

Fiz o jantar e passei a noite a escrever. Tentei descobrir música nova e não consegui escolher um livro. Fui a última a deitar-me e adormeci com a cabeça noutro planeta. Antes de dormir, tenho sempre milhas a percorrer, dias inteiros por assimilar, mil sonhos por desenhar.

19 de Dezembro de 2020
Queluz

Saltei da cama assim que acordei e arranjei-me rápido para começar bem o dia. Minutos depois de trocar algumas mensagens com a L., estávamos em videochamada. Partilhámos algumas ideias para músicas e tocámos um pouco. Hoje fomos menos produtivas. Falámos durante horas sobre mil coisas e houve muitos risos. Mesmo assim, o tempo nunca me parece suficiente.

Depois de um almoço delicioso organizei e numerei as últimas fotos que tirei e escolhi algumas para imprimir, serão as minhas prendas de Natal. Enquanto o fazia, ouvia música, Miles e Coltrane — aqueles clássicos! O N. entrou várias vezes no meu quarto para ver como eu estava e para me deixar carinho. Troquei mais mensagens com a minha amiga M., queria tanto tê-la mais perto!

Afundada em redes sociais, descobri uma notícia alarmante... Uma nova variante do vírus foi descoberta. Passei os olhos por várias gordas, mas nem tive coragem para ler mais. Será este um ano para lembrar ou um ano para esquecer? O mundo está cada vez mais opressivo. Nada de bom pode vir daí. Prefiro pensar que ainda temos armas e vozes: porque não as usamos? A verdade é que há vozes que só amplificam egoísmo e ignorância... Nada de bom pode vir daí. A cada volta ao Sol, este mundo fica mais louco e este movimento de translação começa a deixar-me tonta. Resta-nos esperar, ainda que com o coração nas mãos.

20 de Dezembro de 2020
Queluz, Sintra

Levantei-me, mas voltei para a cama e por lá fiquei a ouvir música e a ler, também escrevi um pouco. A mãe entrou no meu quarto e conseguiu convencer-me a saltar da cama. Saímos os três de casa para ir dar uma volta pelo campo. Fotografei. Ver tanto verde encheu-me imediatamente de alegria! Chapinhei no rio e na lama como uma criança. Passámos lá horas e voltámos tarde a casa. Também almoçámos tarde.

Tento dar vida a ideias que tenho na cabeça e fazer delas projectos, mas parece que deixo sempre que alguma outra coisa se meta no caminho. *Desta, é de vez*, penso, e deposito alguma esperança naquilo que estou a fazer. Tenho milhões de coisas que quero ser e acabo por não saber ser nenhuma. Será que vale a pena fazermos perguntas para as quais já sabemos as respostas? Mas eu não possuo uma única resposta...

Vi um filme e, por volta das nove e meia, foi hora de fazer as malas. Mergulhei nos meus objectos para escolher aqueles que quero levar para casa do meu pai. Vida de pingue-pongue. Há dias em que custa mais, hoje foi um deles; mas, mesmo quando já acho que estou imune a despedidas, descubro que não é verdade. E todas as semanas carrego as minhas escolhas: os livros, a guitarra e o amplificador, a máquina, os blocos, etc.

As saudades do pai eram muitas, ficámos a falar e a trocar novidades durante imenso tempo. Arrumei as coisas e sentei-me a escrever diários. Estranhei a escova de dentes e os lençóis. Deixei-me embalar pelo Leonard Cohen enquanto lia Alberto Pimenta. Aconchegada, não deixei qualquer pensamento melancólico invadir-me até adormecer.

21 de Dezembro de 2020
Queluz

Tostas e café com leite para remediar a minha pouca vontade de sair da cama. Ponho um vinil a tocar e dedico-me a escrever, flutuo por entre palavras, voo entre frases. Sozinha em casa, fiz um grande concerto no quarto!

Depois chegou o pai, ligámos o rádio e almoçámos. À tarde, repeti o disco e sentei-me à janela, a ler. Observei o mundo reduzido através da minha janela — como aliás fiz durante todo este ano —, uma janela totalmente indiscreta. Deixei o dia encolhido esgotar-se à minha frente com a maior rapidez possível; lembrou-me depois a rádio que foi o dia mais curto do ano. Fotografei mentalmente o céu de solstício — a partir de hoje os dias começarão a crescer, o que instintivamente me leva a crer que os dias se tornarão melhores.

Antes de me deitar, abri a janela e contemplei as constelações. O bairro já estava às escuras e não havia sinais de vida, não vinha luz de nenhuma janela. Na maior noite do ano, há mais tempo para sonhar. Deitei-me a ouvir música e, de repente, fui transportada: estou na ZDB, minha segunda casa, de corpo inteiro, e vejo todas as caras amigas, cumprimento-as — não passo por lá ou por Lisboa há muito, a última vez que lá fui ainda éramos livres. Aqui, nos subúrbios, as coisas esgotam-se, há menos ideias e os estímulos acabam por se esvaziar; aqui as caras são iguais, cansadas de não ter tempo, sempre a correr para apanhar o comboio que nos leva à capital. De olhos bem fechados consigo ver tudo, estou na ZDB e corro para o aquário porque o concerto está quase a começar. Sinto-me em casa. Relembrei tudo o que já me aconteceu entre aquelas paredes — tantos foram os concertos, os momentos e a música — e prometo-me que acontecerão muitas mais. Adormeço uma hora depois de me deitar, mas com uma hora a mais de sonho.

22 de Dezembro de 2020
Queluz

Prolongada lentidão matinal, quase ensaiada. Chego à conclusão de que hoje será difícil sacudir a noite de ontem do corpo, foi um óptimo concerto. Entre o sol e os discos, um pássaro pousou no parapeito da janela e esse foi talvez o momento mais lindo do dia.

23 de Dezembro de 2020
Queluz

Enrolada nos meus lençóis, penso agora sobre esta última semana. Divago, reflicto. As noites são só minhas, acordada a pensar. Penso nestes dias, o que foram e o que não foram. Uma semana simples, mas carregada; um diário que deixará de ser meu; uma semana que podia ter sido outra semana. Podia ter sido muita coisa e foi assim. Uma semana é pouco tempo, uma semana é tempo suficiente para se desenrolarem várias vidas…

Tenho o dia de hoje à flor da pele, o primeiro ensaio! Acordei totalmente em pulgas, o dia por que tanto ansiei chegou, finalmente! Dormi muito, mas, com a euforia, a manhã parecia não passar. A L. chegou cedo, trazia o seu teclado. Improvisámos um estúdio no *atelier* e deitámos mãos ao *rock*. Unindo pontas soltas, vimos a música nascer mesmo debaixo dos nossos dedos e as horas a escapar. Entretanto, interrompemos para lanchar.

Escolhemos discos e partilhámos momentos. Ainda voltámos para o *atelier*. Ela saiu por volta das sete, mas o entusiasmo ficou.

E aqui estou eu, com o dia dentro do corpo. São três da manhã e o tempo e o mundo parecem meus. Olho para trás e para a frente, mas estou aqui, agora. Os próximos dias reservam-me mais ensaios, mais descobertas, um encontro que ficou por acontecer e, claro, as coisas inesperadas que surgem sempre (e as únicas por que devemos esperar). Esta semana podia ter sido muita coisa, mas foi assim. Se fosse um mês mais cedo, umas semanas mais tarde...

Começo a soar a mim própria e os meus dias espelham isso. Finalmente encontrei amigos que falam a mesma linguagem — e que bem que sabe! Adormeço a pensar que, se calhar, escrever estes oito dias não passou de um sonho (o inesperado). Oiço ainda um sussurro perto dos ouvidos, são os Yo La Tengo, *There is a Big Day Coming*. Acredito.

O mundo começa a abrir-se diante dos meus olhos, debaixo dos meus dedos,

ou serei eu que me começo a abrir para o mundo?

/

JOÃO FAZENDA

20 de Dezembro de 2020

Hoje de manhã: último espectáculo do *Grande Estrondo*. A R. foi com o E. e o A., que ainda não tinham conseguido ir ver. Ficou para o último dia. Gostaram muito, apesar de já conhecerem a história e de me terem visto a preparar os materiais em casa nos últimos meses.

A seguir, desmontagem de tudo. Sala e exposição. Sempre um momento estranho, como as coisas se desmontam rapidamente em comparação com o tempo que levam a montar. O teatro fecha para obras no dia seguinte, e a agitação é grande entre o pessoal técnico.

Carregamos os nossos carros com o material do espectáculo e a pedido meu tiramos uma fotografia os três à porta do teatro para recordar. De repente lembro-me de que nunca guardo estes momentos em imagens, e esta equipa, este momento é um desses, vamos lá. Na foto fico com os olhos fechados, mas não faz mal, o segurança já me passou o telemóvel para as mãos — obrigado, até à próxima. Despedimo-nos entre os três, contentes pelo trabalho feito e por ter corrido tudo tão bem. Montar um espectáculo é sempre difícil e nesta altura ainda o é mais. Já antevejo a ressaca amanhã, depois de semanas muito intensas de ensaios e espectáculos diários, vai ser estranho o regresso aos dias do calendário. Já passava das 13h00, hora do recolher obrigatório destes últimos fins-de-semana e era preciso ir para casa. Estava um belo dia de sol.

A tarde foi passada em casa a descansar. A primeira tarde, desde há muito tempo, em que não tinha nada para fazer para o dia seguinte e soube bem o sofá e um filme. A pedido do E. vimos um *Star Wars*, foi a sua estreia no universo dos Jedis e companhia.

21 de Dezembro de 2020

De manhã saí cedo e fui deixar os cavaletes e o restante material do espectáculo ao armazém. Regressei a casa para ir buscar o A. e levá-lo à escola. Chegou mais tarde do que o habitual e estava bem disposto. O ambiente na escola já é de férias, há pouco movimento, tudo está mais silencioso. Afinal esta é a semana do Natal e muita gente já não está em Lisboa. E também há muita gente que nesta altura já não quer levar os filhos à escola, para não correr mais riscos e tentar reunir-se com a família daqui a dias. Falámos sobre o assunto em casa, mas decidimos que o melhor era mesmo o A. ir para a escola e estar com os amigos depois de ter passado as últimas semanas em isolamento profiláctico. Já sabemos que o Natal este ano vai ser simples, caseiro e de máscara.

Ao pensar nisto apercebi-me de que daqui a dias é já Natal, embora eu sempre o tenha sabido, claro, mas de algum modo parecia-me que ainda faltava muito tempo, distraído com toda a azáfama do teatro, o fim do semestre na faculdade e demais trabalhos. E de repente lembrei-me de que ainda não tinha nenhuma prenda para ninguém! Hoje em dia não ligo muito às prendas, mas há muitas crianças na família e não posso dizer o mesmo delas.

Levei os restantes materiais do espectáculo para o estúdio, onde não punha os pés desde que começaram os ensaios no final de Novembro. Estava vazio, frio e com um ar desolado. Parece que não tem passado lá ninguém, a sala estava igual à última vez em que lá fui. A luz pálida que entrava pela janela deixou-me melancólico, parecia que regressava a um espaço abandonado e vim embora rapidamente. Ainda ponderei ficar por ali a trabalhar durante a tarde, mas desisti. Passei no Barão para um olá, um café e um «Bom Natal». Depois de tanto tempo sem lá passar, o Rui pergunta se estive de férias.

Voltei para casa, almocei com a R. e fiquei a trabalhar nos esboços para a *The New Yorker* que esta semana fecha na quarta-feira.

Ao fim da tarde, depois de alguma hesitação, levei o E. ao futebol. Era o único aluno.

22 de Dezembro de 2020

Depois de deixar o A. à escola fui levar o E. ao Calhau, em Monsanto, onde foi passar o dia numa actividade organizada pela CAAL. Plantar árvores e explorar Monsanto a pé. E de máscara. Rapidamente se enturmou com as restantes crianças e vim-me embora mais descansado, sabendo que apesar de não conhecer ninguém ali, isso não o ia impedir de se divertir e aproveitar o dia.

Voltei para casa e passei o dia a trabalhar.

Terminei as duas ilustrações que tinha esboçado ontem e consegui concluir finalmente as que faltavam para o manual do Qubs. Já só me falta fazer a ilustração de amanhã para o editorial da *NY* e depois poderei entrar finalmente de férias por uns dias. Ao fim da tarde tive aula de ténis.

Covid-19: Europa assustada fecha as portas ao Reino Unido

22/12/2020

Depois do jantar vimos o primeiro filme da série *Small Axe*, do Steve McQueen. Por momentos voltámos a Londres, e soube bem, mas logo esse prazer do reencontro chocou com a Londres do filme, que não foi a nossa, que antecedeu aquela onde vivemos. A Londres dos anos Thatcher, finais dos anos 1970, a lidar com muitos problemas sociais para resolver. A história é revoltante e não se pode dizer que acabe bem.

23 de Dezembro de 2020

Bebi um café ao pé da escola, esta manhã, e ao regressar ao carro vi o A. a passar com um pequeno grupo de crianças e o educador a caminho do jardim, para brincarem e aproveitarem a manhã de sol. Gostei tanto de o ver assim de fora, com os amigos, feliz.

Voltei para casa e trabalhei nos esboços para o editorial. Depois de desenhar o Trump durante tanto tempo, agora desenho sobre a ressaca do Trump. Como reconstruir, fortalecer a democracia, pergunta o texto. Consegui terminar e enviar antes do almoço, como tinha planeado, de modo a poder ir fazer compras de Natal durante o compasso de espera pela aprovação do esboço vindo do outro lado do Atlântico. A ressaca do espectáculo acabou por não acontecer.

Sem ter ideia nenhuma de que prendas iria comprar, fui ao ECI e desci até ao andar dos brinquedos. Como seria de esperar estava uma confusão de gente, tudo a fazer compras de última hora para o dia seguinte. Seria uma cena normal se não fossem as máscaras e o gel constante nas mãos. E isso é estranho, isto deve mesmo ser o tão falado «novo normal», em que é tudo igual ao que era antes, mas ligeiramente diferente. A estranheza passou das máscaras para a sua completa banalização, invisibilidade.

Depois de algum tempo a estudar os brinquedos disponíveis, a fazer a lista de sobrinhos, a rever idades e gostos, tenho finalmente algumas prendas. Ainda passei nos livros e, entretanto, recebi a resposta da revista e o OK para avançar com uma das ideias que tinha enviado, mesmo a tempo de me escapar daquela confusão. É sempre um alívio saber que uma das ideias é aprovada, ainda para mais quando estou a fazer tudo com tempo contado.

Terminada e enviada a ilustração ao fim da tarde, entrei finalmente de férias por uma semana! A excitação do Natal tomou conta do ambiente em casa, o E. e o A. estavam muito entusiasmados a imaginar que presentes iriam receber, falavam do Pai Natal.

24 de Dezembro de 2020

Saí cedo para ir buscar um bolo-rei a Benfica, tradição emprestada da casa da R. A fila era menor do que temia e despachei-me rapidamente. Ainda tinha uns livros-prenda para comprar e passei na Travessa. De volta a casa a agitação era grande, todos a prepararem as coisas para mais tarde. Vai ser um Natal muito simples, virão só os meus pais jantar e os meus irmãos vão juntar-se na casa do N. O E. estranha não poder estar com os tios e os primos, afinal esta noite é sempre uma diversão. Como o percebo. Ao fim da tarde saí com o E. e passámos em casa do N. e da M. e depois da I. e do B. para deixar as prendas para as crianças, já que não vamos estar juntos desta vez.

Voltámos para casa, os avós iriam chegar pelas 20h00. Jantámos em pontas da mesa separadas, janela aberta, fizemos o possível. A excitação do E. e do A. com as prendas era grande e sem muita cerimónia iniciou-se o ritual de abrir embrulhos. No geral, as prendas foram um sucesso. Os meus pais estavam felizes, mas notava-se que tinham pena de não estarem com todos os filhos e netos. Fizeram-se chamadas de vídeo para juntar toda a gente. Voltaram para casa cedo, pouco antes da uma, pouco depois de os miúdos se terem deitado.

25 de Dezembro de 2020

Acordámos cedo e passámos a manhã a ler e a montar os legos recebidos na véspera. Saímos para o almoço de Natal em casa dos pais da R. Acabámos por passar lá o dia todo, como é costume, entre a mesa e o sofá. Este ano não vimos nenhum filme. A seguir ao almoço distribuíram-se as prendas. Comecei logo a ler o livro que a M. me ofereceu, da Olga Tokarczuk, e de repente não me apetecia parar. Já não me acontecia há algum tempo. Fim do Natal.

26 de Dezembro de 2020

Manhã novamente em casa, a ler e a montar legos. Estou a gostar mesmo do livro. O universo de personagens, a estrutura feita de fragmentos, quase microcontos, a descrição sensorial e material do tempo a passar sobre tudo. É sempre uma felicidade, a descoberta de uma autora nova.

Está um belo dia de sol de Inverno. Falei com o R. ao telefone, que recebeu uma guitarra acústica. Rimos ao recordar a nossa banda de adolescentes. Comentámos como de repente voltámos a tocar, ao fim de tantos anos, agora sem distorção. Apesar de tudo, não somos pais a tocar *rock* na garagem e não acho que caminhemos para lá. Contei-lhe que o E. também recebeu uma guitarra no Natal.

O N. ligou a sugerir um encontro para os primos brincarem e jogarem à bola. Combinamos num sítio onde nunca vamos: Belém, ao pé da Torre. Relvados para onde íamos brincar quando éramos miúdos.

Passámos lá a tarde, perto do avião.

Quando chegámos a casa o E. quis tocar guitarra, inspirado pela minha conversa com o R. Ensinei-lhe um acorde, o sol, e rapidamente se põe a compor uma canção chamada *Sol*, de um único acorde. Foi improvisando a letra e pediu-me para a ir registando. E no final ficou uma canção orelhuda, que passámos o resto da noite a cantarolar.

27 de Dezembro de 2020

O tempo continua bom e fomos passear para o Calhau, em Monsanto, com o T., a S. e o M. Caminhámos sem grande rumo, a explorar os trilhos, e acabámos por dar uma grande volta. Estávamos todos muito animados e pasmados por nunca termos feito isto antes. A tarde foi passada em casa do N. e da M.: o E. tinha combinado com o M. uma tarde de legos. Já não íamos à casa deles há muito tempo.

28 de Dezembro de 2020

Fomos até ao jardim do Pessa, ter com a I. e o B., a F. e o V., com quem ainda não tínhamos estado desde que chegaram a Lisboa para vir passar o Natal. O tempo começou a mudar e chuviscava. Pusemos a conversa em dia, os miúdos brincaram, choveu mais um bocado. Voltámos para casa para almoçar. Recebi a mensagem do R. com o tema para a crónica da semana e depois de almoçar fiz a ilustração para a *Visão*. A meio da tarde saí para ir trocar umas prendas. Grande confusão, imensa gente, má ideia. Mas tratei do assunto para não ter de voltar noutro dia. À noite, vimos finalmente o *Parasitas*. E gostámos.

A vacina contra o coronavirus começa a ser administrada hoje em Portugal

27/12/2020

/

26 de Dezembro de 2020

Hoje faz anos a minha filha mais velha e a outra, a mais nova, amanhã. A mais velha tem 24 anos de diferença de idade de mim pois casei apenas com 22 anos. Nesta questão de idade para casamentos não há regras para o melhor, pois hoje em dia é difícil assegurar a sua durabilidade. É baseado em sentimentos, pelo menos na nossa cultura, e não nos interesses económicos, e os sentimentos evoluem. Considero uma relação conjugal uma harmonia difícil de conseguir pelo que exige de tolerância e boa vontade e compreensão do outro, abandono de egocentrismos ou vaidades e amor próprio, e um profundo amor. E este infelizmente não é atingido por toda a gente, embora seja a única resposta às dificuldades e ao sofrimento da vida.

Tudo custa na vida, tanto o que consideramos bom como o que achamos mau. Toda a separação de um casal provoca sofrimento nos filhos, e no meu caso não foi excepção, tendo sido acusado pelo meu afastamento, aliás inevitável.

Perante uma ameaça de separação tudo deve ser feito para a evitar pelos danos que provoca nos próprios e nos filhos, e muitas vezes as causas que a motivam são fúteis e superficiais, revelando uma falta de uma vivência responsável e verdadeira. O que é dramático é esta atitude de responsabilidade perante a vida só aparecer depois do casamento, é sinal do nosso amadurecimento.

27 de Dezembro de 2020

Procuro aproveitar os dias para aprofundar problemas ou ideias que me acompanham nesta fase da minha vida, pois, como para toda a gente, cada dia que passa é menos um que tenho para viver e a probabilidade é já não serem muitos. Aliás, por mais longa que seja uma vida, a morte é sempre um corte abrupto, violento e difícil de aceitar.

Quer através dos jornais, dos vários livros que estou a ler, procuro esse aprofundamento, e também numa pequena tertúlia com pessoas de família aos domingos de manhã. O tema de hoje era o problema do fenómeno de Fátima e dos aparecimentos da Virgem Maria ao mundo, pois tinha visto um programa na televisão que me deixou uma certa perturbação pela enorme dificuldade em aceitar a sua verosimilhança. Ficou patente que o assunto pertence ao universo das coisas para as quais não há explicação e que vou morrer sem lhes encontrar resposta. Assim será relativamente ao sentido da vida e da sua existência.

Eu procuro o sentido da vida dentro dela própria, isto é, do amor que temos por ela, por nós próprios, pelos outros e por tudo o que nos rodeia.

28 de Dezembro de 2020

Por cada momento que passa tenho o sentimento da eternidade da vida, e também dentro de mim. Mas se há certeza que temos é de que não o somos, nem sequer ambicionamos sê-lo, pois a finitude das nossas vidas é por demais evidente por nossa observação. Mas de onde vem este sentimento de eternidade? A observação da natureza alimenta fortemente a perenidade da existência das coisas, embora em permanente evolução, como disse Lavoisier: «Na natureza nada se perde nem nada se ganha, tudo se transforma.» Se impregnarmos profundamente na nossa alma estes pensamentos, ao mesmo tempo que tomamos consciência da realidade do nosso amor e lhe damos todo o valor milagroso que tem, então estamos dispostos a aceitar com serenidade o futuro e um dia virá que chegamos ao fim dos breves dias que nos estão destinados, sem temor e com a alegria de missão cumprida. Isto eu gostaria que me acontecesse, que acabasse os meus dias numa onda de amor.

29 de Dezembro de 2020

Hoje tive um dia cheio e à noite, depois do jantar, distraí-me com a televisão e estou agora antes de me deitar a alinhar umas palavras para não ficar um dia sem escrever. Tinha pensado falar sobre os livros que tenho em mãos e fazer um comentário sobre eles, pois será uma maneira de aprofundar a sua leitura, mas tem de ficar para amanhã.

Ao fim da tarde tive trabalho, que estou a fazer com o meu filho, que também é arquitecto, mas trabalhar em casa com encontros pontuais é algo que vai ter as suas dificuldades por não haver encontros diários. Estes condicionamentos provocados pelos vírus obrigam a uma adaptação que eu julgo poder conseguir.

30 de Dezembro de 2020

Apesar de as nossas vidas não serem suficientes para ler todos os livros que valem a pena ler, procuro ler só livros que sejam úteis à compreensão do mundo e da vida. Há sentimentos e coisas que só podem ser expressos por romances e que foram muito importantes para a minha formação, e também peças de teatro que podem ser lidas. A literatura de vários países, sobretudo a europeia, mas também a indiana e oriental, dá-nos o conhecimento da riqueza do pensamento de diferentes culturas. Por isso acho que devemos aproveitar todos os dias para ler um ou mais livros, pois as nossas interrogações não têm fim.

Agora leio mais ensaios e filosofias. Estou a ler o livro do Damásio, *Sentir & Saber*. O meu grande encontro foi o contacto com o filósofo Spinoza, que me revelou um pensamento claro que me tocou profundamente. Sobre o livro do Damásio ainda não tenho uma ideia formada, mas a vontade do autor de simplicidade e de reduzir ao essencial não transforma uma matéria tão fluida e difícil em qualquer coisa de fácil apreensão.

31 de Dezembro de 2020

Finalmente o último dia do ano.

É apenas uma data no calendário e nada mais muda de repente.

Como tenho trabalho em casa não tenho razões de queixa maior por aqui ficar e este isolamento que acompanha a minha idade avançada constitui um convite à reflexão e meditação interiores que é bem-vindo, pela satisfação de uma necessidade que sinto neste momento. É um ambiente propício para ouvir música e tudo o que seja contemplativo.

Enquanto me mantiver com boa saúde, sem dores, posso ter uma felicidade e vivê-la intensamente, e agradecer estas condições de vida. Ofereceram-me um andarilho com travões e cesto de compras que me permite neutralizar as minhas deficiências ao andar, e fazê-lo em segurança e com autonomia.

Agora vou trabalhar um pouco num projecto que tenho entre mãos.

1 de Janeiro de 2021

O que me emociona mais é já estar a viver o ano de 2021 no avanço inexorável do tempo, mais que o momento da passagem, pois não há descontinuidade sensível. Relativamente ao livro do Damásio acho que não basta uma primeira leitura, mas sucessivas leituras e de troços pequenos, para facilitar a digestão do que se vai lendo. Se calhar o cérebro está mais lento e preciso de praticar uma nova forma de ler, adaptada ao tipo de livro, e tenho esperança de conseguir uma muito melhor compreensão.

A matéria é fascinante, pois trata do que são os nossos processos mentais, como pensamos, qual a diferença entre sentir e saber, o que nos é próprio e nos faz únicos no universo, tanto quanto sabemos. Todos os seres vivos têm inteligência de vários tipos e das quais nós também participamos.

O fenómeno da vida é de tal modo complexo, e a sua evolução terrivelmente lenta, que é difícil de conceber que haja outros seres vivos na imensidão infinita do universo onde estamos inseridos. Acompanham-nos o sentimento de eternidade da vida e do mistério da existência do amor.

2 de Janeiro de 2021

Tentar compreender o outro é das coisas mais difíceis de fazer. Mas é crucial fazer uma interpretação do que o outro diz ou faz para haver comunicação. O que é que o outro está a dizer realmente, qual a nossa participação na motivação da reacção do outro. Julgo que em muitos casos não conseguimos essa compreensão por mais esforços que façamos, e isto é causa de muitos conflitos que perduram e não são possíveis de solucionar. Resta aceitar essa situação como algo que não podemos modificar e contornar na nossa relação com essa pessoa, fazendo o apelo a todo o nosso amor, sem esperar qualquer contrapartida ou igual resposta, de modo a fazer desaparecer qualquer vestígio de um ressentimento por essa nossa falta de compreensão.

Talvez um dia essa compreensão seja possível.

/

ELISA SANTOS

26 de Dezembro de 2020

Afinal voltámos para trás.

A ida para o Gerês está enguiçada. Saímos mais tarde do que estava previsto, muita roupa e meia dúzia de nada na mala, até que percebemos que estamos em restrições de movimento, com horários controlados e por isso não iríamos ter o que comer. Paragem no caminho, ali pelos lados de Soutelo, para comprar fiambre, *croissants* e pão, para uma ameaça de jantar que afinal… não foi.

Furar dois pneus num fim de tarde de sábado, no dia seguinte ao Natal com o confinamento instalado é muito azar.

O taxista que nos trouxe de Rendufe ao Porto é um CROMO. Um homem de quarenta e poucos anos que até há pouco tempo era emigrante em França. Usa estradas municipais e nacionais para poupar um euro de portagem que multiplica várias vezes em custo de gasolina nas acelerações e travagens bruscas, próprias de quem se quer depressa em casa. Afinal é o fim-de-semana das festas da família. O nosso carro hoje «dorme» no Parque Nascente — nome pomposo para um *shopping* na borda da Circunvalação —, esperando que amanhã cedo a oficina trate do assunto e assim possamos retomar o passeio.

A Vera trouxe-nos para casa e no caminho contou que o paizinho estava bem disposto, sorridente e que lhe disse para voltar para casa porque estava muito frio. Temos este sistema imaginativo de procurar vê-lo de qualquer forma. Ali, na pousada, onde aguarda que o surto do lar fique debelado, esgueirámo-nos para a traseira do edifício, e do jardim conseguimos vê-lo na janela. Telefones na mão e alguma paciência e vamos conseguindo «visitá-lo» e demonstrar-lhe que não está só. Dia 24 a visita foi mais próxima, na mesma sala, mas ele parecia ter desistido, sem forças, mais ausente que presente, a ver o que não víamos. No dia de Natal tinha aquele sorriso malandro, no rosto muito magro, e as suas mãos, muito magras a abrir a janela da varanda, para falar connosco. «Diz-me lá se estou rico», era o recado para que conferíssemos os resultados do seu Euromilhões. «Mas o que eu queria era ter liberdade.»

De todas as vezes me espanto com as suas cambalhotas de lucidez.

27 de Dezembro de 2020

Afinal chegámos!!!

Quatro pneus e quatrocentos euros depois cá estamos. Fomos previdentes desta vez e passámos por um supermercado para comprar alguns mantimentos.

A casa é fria, estamos no meio da serra e o gelo está por todo o lado. Acendemos a lareira que nos deixaram prontinha a atear. Havia um vinho tinto fantástico em cima da mesa e uma taça de formigos para nos dar as boas-vindas. Grelhámos carne, cozemos duas batatas e instalámo-nos com mantas junto ao lume. Demorará a que a casa aqueça, primeiro terá de cheirar a fumo.

É inevitável olharmos para trás, fazer balanços, perceber o tamanho do abalo do ano covid. Expliquei ao Zé o que são os Exercícios Espirituais. Há um ano estava em retiro, aqui perto, em Soutelo, a rever a vida, a criar propósitos, a dispor-me para o Serviço, usando o método de Santo Inácio de Loyola. Quando olho para estes meses, para o que foi a pandemia, o trabalho na câmara durante o confinamento, os rastreios colaborativos até há dias, com a ARS Norte, percebo a consequência desta disposição: pôr-me ao serviço. Qual é o bem maior? A família ou o mundo? «Venha a nós o vosso Reino.» O cardeal Tolentino fala no acto de coragem dos que proferem esta oração. Estamos sempre a pôr-nos a jeito, estamos a pedir para sermos parte na construção do Reino. Este ano doeu em muitas frentes. Este ano rezei em muitas frentes. As orações com os meninos da catequese, um a um, o bálsamo para as dores dos dias de confinamento. Orações com amigos, por amigos, pela família. A Ni. Este foi um ano duro.

O Zé é fruto deste ano, o fruto bom e suculento, que me surpreendeu. É o impensável num ano inimaginável. Ainda não sei bem como entender o que (nos) aconteceu.

Amanhã vamos passear pelo Gerês. Estou finalmente de férias, ainda que em confinamento.

28 de Dezembro de 2020

Havia neve no cimo da serra. Almoço em Terras do Bouro e passeio de carro com passagem pela Caniçada e São Bento da Porta Aberta. Continua frio, choveu gelo, ainda assim foi um maravilhoso passeio. Conversámos imenso.

A casa agora está aquecida pela lareira. Sou mesmo da cidade. Este fenómeno do fogo feito pelas nossas mãos, que aquece a casa e a água do banho, parece-me sempre uma grande magia.

O Zé passeia pelas notícias no telemóvel. Eu passeei pela *Cidade Infecta*, pareceu-me o livro próprio para estes dias. Tento retomar a rotina da leitura de que gosto tanto. Mas os dias têm-me trazido exausta.

Amanhã o padeiro vai voltar a apitar por volta das oito. Subirá ao lugar vizinho e quando voltar, meia hora depois, vai parar de novo aqui à porta, junto à igreja. Vai vender-me pão, propor-me bolos que sabem a padaria. Tenho de levar os dez cêntimos que fiquei a dever hoje. Voltou de Montreal para não ficar longe dos filhos que cresciam na sua ausência. Não tem ainda 50 anos. Diz que fez bem, não se arrepende, mas tem saudades do Canadá. Aqui conhece as pessoas pelo nome. Espanta-se que nós, forasteiros, estejamos no Gerês nestes dias de frio húmido. Como se a paisagem não fosse sempre espantosa, soberba, gigante.

«Aromas de urze e de lama», foi do que me lembrei quando procurava pedrinhas para a colecção da mãezinha. Agora percebo porque o Pina Cabral escolheu o verso do Pedro Homem de Mello para intitular o seu livro sobre antropologia no Minho.

29 de Dezembro de 2020

Um dia misturado, um dia como uma moeda: com duas faces.

Fomos ao Museu de Vilarinho (o dispositivo museológico é bonito!), passeámos por Covide (que ironia!!!) andámos pela serra, vimos garranos, tirámos fotografias. Uma paisagem de cortar o fôlego. Fomos almoçar. O Abocanhado é um restaurante no meio do nada e ainda assim encheu-se. Medidas de segurança rigorosas, mas suavizadas pelo aconchego da sala. Mesas espaçadas, talheres embrulhados em sacos de papel, o pão e o azeite... Uma parede que é janela rasgada para os montes e que nos traz uma luz forte, a mostrar o seu poder sobre a invernia. O céu azul exuberante. Tudo excelente.

É curioso como não me recordo de ver os rostos com máscaras. E tinham, todos os funcionários do restaurante usavam máscara, claro! Depois de todos estes meses fico com a impressão de que o nosso cérebro tem esta capacidade de desenhar o que a máscara esconde. Mesmo em desconhecidos. Já me aconteceu a desilusão de perceber que a metade

Aquecimento global: Milhares de elefantes sem água nem alimentos

29/12/2020

de rosto que imaginei era diferente da metade que depois se revelava. E quase sempre, até nos conhecidos, o rosto, quando completamente descoberto, parece-me desproporcionadamente mais longo.

Voltámos para o Porto, passámos pelo local onde rebentaram os pneus para tirar fotografias do buraco e fazermos a reclamação à câmara.

Fomos a casa do Pedro — amigo criado nas «campanhas de África» — ver livros, mobílias e objectos. É preciso desmontar a casa de uma vida e resolver os lutos de mais de uma dúzia de anos. Luto de pessoas que agora se estende ao luto de um lugar. É uma belíssima vivenda na Estrada da Circunvalação, peça da escola de arquitectura do Porto, com um jardim maravilhoso. Trouxemos os reposteiros da sala. São lindíssimos, são fortes e resistirão a mais uma vida. Vou precisar de algum tempo para perceber o sabor desta visita.

O Inverno transforma tudo numa papa de chuva e frio.

Amanhã vou visitar o paizinho.

30 de Dezembro de 2020

A Manela veio fazer a passagem de ano cá a casa. A Matilde ficou com o pai e ela veio jantar connosco. Este é um ano verdadeiramente extraordinário. Não haverá Avenida dos Aliados, não haverá fogo...

Anda um terramoto silencioso dentro de nós. Os altos e baixos do paizinho são a montanha-russa que nos deixa em angústia e vómito. Vamos ter consulta no dia 6. Será Dia de Reis, combinamos levar bolo-rei à Dr.ª Joana. «Temos pouco tempo, não temos?», perguntei-lhe ao telefone, quando marcámos a consulta. «Temos. Temos muito pouco tempo», respondeu sem me esconder. Nunca escondeu. Não faremos mais quimioterapia. Vamos tratar de o manter bem. Fazemos de cada ida ao hospital uma festa, tentamos que seja uma festa. É uma liberdade, uma saída precária, que aproveitamos até ao tutano. Temos tudo planeado e isso é também assunto para falarmos ao telefone. «Vamos comer leitão, pode ser? Da última vez foram camarões...» Ele diz-nos que sim e anima-se. E nós também! «E depois, de surpresa, vamos visitar os tios. Vamos levar-lhes as prendas de Natal que ficaram em casa por causa da pandemia. O que acha?» Será Dia de Reis... faremos dele Rei.

Estamos no final do ano. É preciso esperança para o ano que vem. Temos pouco tempo.

31 de Dezembro de 2020

Fomos ver o paizinho. Permitiram-nos estar perto, ouvi-lo melhor, vê-lo sorrir. Tem o olhar da avó Amélia. O sol fez companhia e aqueceu a sala. Esteve sentado, de perna cruzada com as mãos finas sobre os joelhos. Fez piadas, fez-nos perguntas, falámos do regresso a casa, ao seu quarto. Fala do carinho daquele lugar provisório, das ementas saborosas e bem-apresentadas que lhe abrem o apetite. E da vista. Do rio e do sol. Apetece-me sempre abraçá-lo. A Manela está contente e o Pedro também. Na última visita que lhe fizeram ele era menos ele.

Tentei alterar o menu do jantar e «importar» a receita da tiborna de bacalhau que comi n'O Abocanhado. Mudei rapidamente de planos. A Manela vinha «sedenta» do bacalhau habitual. Os doces estavam todos bons. O Zé move-se na casa e na família cada vez com mais à-vontade. Faz-me companhia nestas empreitadas de cozinha que me dão tanto prazer, está um profissional da salada de fruta; o Porto, com mais de cem anos, que trouxe de Frende foi a estrela de fim de ano. Amanhã vamos ter farrapo velho e carne assada como dita a tradição.

O Júlio também cá esteve, também ele é da casa. O Júlio foi o centro da nossa casa durante quinze dias. Quinze dias de hospital, de cuidados intermédios, que nos deixaram sempre o coração em sobressalto. 2020 desafiou todas as nossas estruturas, trouxe à tona todas as nossas fragilidades. A esta hora já estamos em 2021 e não sinto ainda chão seguro debaixo dos meus pés. Voltaremos a ter muitas chamadas telefónicas para fazer na ARS. Voltarei a sonhar com pessoas infectadas e os seus dramas, com médicos exaustos, com listas de nomes e longas tabelas de DIP (a declaração que assegura que quem está em isolamento profiláctico possa receber «por em cheio», como me dizem ao telefone). Em 2021 voltarei a ter medo.

1 de Janeiro de 2021

A Manela foi-se embora hoje. Estava feliz! A mãezinha também estava feliz. A Vera fala da paz que sentiu estes dias. O ano começou em tom de alegria.

O Zé foi comigo ao paizinho. «Quem meu filho beija, minha boca adoça», já lhe disse que este adágio se aplica também para os pais.

Espero que os postais de Natal tenham chegado aos amigos. Este ano não escrevi mensagens, nem fiz telefonemas. Não me apeteceu.

2 de Janeiro de 2021

Todos os anos a minha mãe se esmera na construção do presépio. Ela tem muito jeito e imaginação. Todos os anos ela reza o nascimento do menino construindo a história de cada um daqueles bonecos, que já vêm da minha avó, criando um elemento narrativo próprio à disposição das figuras e dos elementos. A recolha das pedras, das folhas, das cascas de árvore, a construção da gruta, os montes, a noite, o céu, tudo é fruto de pensamento e lembrança. Parte dessa lembrança ocorre durante o resto do ano, quando recolhe as pedrinhas, musgo, este ou outro pedaço de madeira. Este ano o presépio foi feito e refeito três vezes. Nunca tal tinha acontecido. A última vez foi hoje, já o Menino tinha oficialmente nascido.

Olho para esta realidade como quem se depara com uma parábola sobre a oração e o ano que findou. Que importa se está oficialmente fora do tempo, ou se é desajustada a correcção... importa, sim, continuar a construir o presépio.

Os sábios estão a caminho.

/

PEDRO SERRANO

28 de Dezembro de 2020

Segunda-feira. O Natal foi na quinta-feira e já andamos a comer peru há quatro dias! Este ano, por causa da covid-19, tivemos umas Festas diferentes do habitual e nem eu nem a Ana fomos passá-las aos locais do costume, junto das respectivas famílias nucleares. Seria demasiado arriscada, essa irrupção de gente chegada de outras paragens; perigosa sobretudo para os mais velhos, gente, por definição, muito vulnerável aos efeitos da doença.

Desse modo, ficámos aqui em casa, e as Festas reduziram-se a nós os dois, ou a nós os três, se incluirmos a *Tangerina*, a gata, que se tem consolado a repetir nacos de peru assado.

Apesar de uma versão diminuta de Natal, optámos por um jantar clássico e, com certa antecedência, encomendei um peru no talho. Quando o fui buscar (dia 22) percebi logo o que o empreendimento iria significar, pois o bicho, já depenado e limpo, pesa mais de quatro quilos. Ora quatro quilos, para duas pessoas e um gato...

O galináceo, como manda a receita, esteve 24 horas enfiado num enorme alguidar de plástico, onde ficou, quase totalmente submerso, no centro de uma coroa de rodelas de limão que pareciam atraídas por ele como satélites de uma estranha lua. Para não atrapalhar, o alguidar da marinada foi posto no chão da marquise e, intrigada, a *Tangerina* passava por lá periodicamente a conferir o intruso e a dar umas lambidelas naquela água com sabores.

No dia 24 preparei o recheio, recheei o bicho com a mistura e meti-o no forno quase logo a seguir ao almoço, pois era tão grande que demoraria horas até atingir o bronzeado da praxe. À saída do forno, enfeitei-lhe a extremidade das patas com papelotes franjados de papel de alumínio, como se fazia em casa dos meus pais naqueles natais que reuniam uma trintena de pessoas e obrigavam a acrescentar a mesa principal com uma segunda mesa, para onde eram exiladas as crianças.

Um pouco antes do nosso jantar telefonei ao Zé João, pois em Berlim é uma hora mais tarde. Já estavam à mesa e como nenhum dos portugueses com que se dá por lá veio a Portugal, por causa da pandemia, ele organizou um jantar de Natal que reuniu cinco ou seis pessoas. Correu tudo muito bem, disse ele, e o bacalhau inteiro que, embalado em vácuo, lhe mandei pelo correio (num caixote de papelão que dizia: contém roupa e livros) chegou a tempo de ser demolhado, assim como lhe chegaram sem incidentes fronteiriços os chouriços e o café moído. Durante a chamada, em alta voz, explicámos-lhe, deste lado do fio, como se confeccionava roupa-velha, uma vez que lhe sobrara imenso bacalhau, restavam imensas couves, e imensas batatas cozidas para aproveitar.

Antes de me deitar, virado para a lareira, respondi às mensagens de Boas Festas que recebi no telemóvel ao longo dos dias 24 e 25, sentado sob uma fotografia minha com o Zé João ao colo, dupla que observa a sala de uma moldura pousada em cima da coluna de som e aos pés da qual acendera uma vela, daquelas circulares e pequeninas que se alumiam nas igrejas para venerar seja o que for; ou como garantia de que uma promessa não ficará esquecida pelas entidades superiores que regem a sorte dos homens.

—

Faz hoje, precisamente, um ano que a China declarou o primeiro caso de infecção por coronavírus, identificado num frequentador do mercado de Wuhan. Quem é que alguma vez tinha ouvido falar de tal sítio? Wuhan?! E, no entanto, é uma cidade com mais de dez milhões de habitantes, um Portugal concentrado na vertical. Parece que tudo isto, da pandemia, sucedeu há um século, nem se acredita que no final de Março as máscaras eram encaradas pelas nossas autoridades como um trapo indigno, mais consentâneo com os Irmãos Metralha! Foi um ano intenso, aconteceu imensa coisa a que todos estivemos ansiosamente atentos, e isso, como sucede quando se vive com atenção o dia-a-dia, amplificou a duração dos dias e dos meses.

29 de Dezembro de 2020

Estou no quarto 231 do Hotel Íbis, no Porto. Cheguei ao fim da tarde e está um dia gelado, aqui chove sempre mais e é sistematicamente mais frio do que lá em baixo, no Sul, onde moro. Pela janela do quarto vejo um pinheiro manso e os contentores do jardim das traseiras do Hospital de São João, onde andam a construir o novo serviço de pediatria oncológica, uma obra que se tem arrastado nos anos e fornecido combustível mediático a várias telenovelas televisivas, como geralmente sucede em Portugal com tudo quanto mete política e promessas de políticos.

Apesar de nascido no Porto, e de ter por cá duas casas, não tenho onde ficar, nem me apetece ir entupir os quartos dos parentes; recorro a um hotel nas estadias na cidade. As casas, aquela onde nasci e vivi a infância, e a outra, onde arrastei a adolescência e morei até sair de casa para trabalhar, como médico, em Guimarães, estão fechadas há mais de dez anos. Uma a uma, as pessoas foram saindo, dispersando-se ou morrendo e, quando se deu conta, passara uma década e ambas se tinham tornado inabitáveis, apesar de uma delas (aquela a que, as minhas irmãs e eu, ainda chamamos a casa do pai) manter o recheio quase intacto, como nos dias em que aí morávamos todos. Mas, hoje em dia, não se consegue permanecer lá, é toda uma casa vazia contra nós: as memórias; os objectos; as divisões abandonadas, que aparentam ter mingado e perderam qualquer réstia de vida.

Aliás, é por causa dessa casa que aqui estou: foi vendida e torna-se necessário esvaziá-la, um feito mais complicado do que parece, e isto não só por ser uma moradia com cave e dois andares. Há tudo o resto, todo o resto que se relaciona com as lembranças, as quais, como quando o Aladino esfregava a lâmpada, transbordam de cada objecto que se toma nas mãos para decidir se se lança fora ou o que lhe fazer.

O hotel está preparado para os novos tempos: tapete especial, para raspar os vírus das solas dos sapatos, à entrada; dispensadores de álcool-gel por todo o lado; recepcionista de máscara por trás de uma divisória de acrílico. Nos quartos, um autocolante sela a porta e garante que o interior foi higienizado e, dentro, há brochuras plastificadas com instruções: informam que o quarto só será limpo se o hóspede o pedir; que no dia da saída as toalhas devem ser atiradas para dentro da banheira e que se deixe a janela aberta. Este último pedido é meramente formal, pois as janelas são daquele tipo anti-suicídio que agora invadiram os hotéis, e só a consigo entreabrir quatro ou cinco centímetros. Lá fora, vejo o tronco bifurcado de um pinheiro manso e os contentores do jardim das traseiras do hospital de São João.

Tomei um banho, pus a máscara, saí para jantar. Mal passa das sete da tarde, mas os restaurantes do pequeno centro comercial, onde se insere o hotel, fecham cedo actualmente, pouco depois das oito da noite. Antes, entro na livraria, a ver se algum livro me inspira, mas quase não há novidades, o que é surpreendente tendo em vista que estamos no Natal, época que as editoras aproveitam para impingir tudo e mais alguma coisa, a quem tem de oferecer prendas. Mas há poucos clientes e, nas estantes da secção infantil, uma miúda, incorrectamente sentada no chão, lê em voz alta um livro de grande formato. Circulo em volta de uma mesa onde estão dispostos livros do John Le Carré, que morreu há dias. Tenho aquilo tudo em casa, quem me dera encontrar um livro dele por ler, pois deixam-se saborear bem.

No andar de cima, as mesas distanciadas estão quase todas vazias. Encomendo um hambúrguer com batatas fritas e esparregado no H3, e sento-me numa mesa higienizada, à espera que fique pronto. Observo uma funcionária a higienizar outras mesas: a medida consiste em aspergir o tampo com detergente e passar-lhe um pano por cima. Não há praticamente clientes, e de cada cinco pessoas que surgem ao fundo do espaço, vindas das escadas rolantes, três são funcionárias da Uber Eats ou da Glovo, com as suas mochilas térmicas penduradas às costas. Vêm buscar comida para outros, que aguardam, entrincheirados, atrás das portas dos seus apartamentos.

Ainda não são bem oito e um quarto e estou de regresso ao quarto 231, ligo a televisão para ver o telejornal, mas adivinho que não vão servir nada que não seja requentado. Todos os canais dizem as mesmas coisas, pela mesma sequência; até as imagens são as mesmas! Já sei dos novos casos de covid-19 de hoje, dos mortos; dos cuidados intensivos a abarrotar de gente... Antevejo que, usando de linguagem socialmente amortecida e neutra, irão noticiar novos surtos em lares de velhos, e as imagens irão mostrar, pela milionésima vez, o deprimente arco-íris, com a alambicada frase «Vai Ficar Tudo Bem», que, como uma praga, invadiu tudo quanto são instituições de encaixotamento de pessoas. Sim, talvez, um dia, vá ficar tudo bem; tal como nos amanhãs que cantam, de que costumavam falar os comunistas. Entretanto, comunistas ou não, morrem como tordos, os velhos — perdão, os idosos, os seniores — que habitam por trás desses arco-íris açucarados. Bastantes deles, dando corpo à publicidade, ficarão muito bem a sete palmos de profundidade, resguardados das angústias da covid-19 e de tudo o resto que pode afligir a incerteza de estar vivo. Uma dessas relíquias, que já bateu nos 100 anos, será exibida como troféu, como esperança no futuro, um dos políticos falará na luz ao fundo do túnel... Aparece no ecrã a ministra da Saúde, reanimada, parece outra, agora que pode falar da chegada das vacinas e já não tem de se entreter somente com a cosmética, tornada impossível pela crueza dos números, de tornar o cinzento em dourado. Empunho o comando, consigo encontrar um canal de música, sem imagens e sem palavras; apenas música. Beethoven, comemoram-se os 250 anos do seu nascimento; de modo que é o que se ouve mais nestes canais. Reconheço o *Concerto n.º 3*, para piano e orquestra, um dos da lista de CD que levaria para a celebrada ilha deserta.

—

Dormi mal. Acordei a meio da noite e entretenho-me a antever, a sequenciar, as manobras para o dia seguinte, na antiga casa dos meus pais. É, talvez, um exercício inútil, ou talvez não; talvez me permita comportar amanhã de forma mais pragmática e eficiente, como se fosse um empregado de uma empresa de mudanças, ou de uma daquelas firmas que carregam trastes para o lixo.

«Foi uma casa feliz, não foi?», pergunta V., que, depois do almoço, apareceu com E., a irmã, para ver os livros e levar algumas coisas que lhes podem dar jeito.

«Bem», hesito, «teve de tudo, suponho. Também aqui morreram pessoas.»

Mas acabo por perceber ao que se refere. É a primeira vez que V. ali entra, pouco sabe de mim e nada da casa; suponho que é a sensação geral que o espaço lhe transmite, uma intuição e, nesse sentido, tem razão, houve sempre ali mais luz do que escuridão.

Além de muitos livros, E. e V. acabaram por levar com elas os reposteiros de brocado da sala de estar, uns panejamentos cuja ideia de ver no lixo, ou imaginar no limbo, me estava a angustiar. Mas, do nada, E. pergunta se os reposteiros tinham destino; eram tão bonitos e via-os tão claramente como o novo revestimento de uns sofás que tinha em casa... Deus abençoe as coincidências.

—

São sete da tarde, é noite cerrada, estou para lá do trânsito que entupia a ponte da Arrábida e se arrastava à saída do Porto. Teimoso, o carro ultrapassou tudo isso, como um trenó, a tilintar levemente com os despojos que se empilham na bagageira. Abaixo de Coimbra parou de chover e o sensor no vidro do pára-brisas, detectando o novo estado, deixou de accionar as escovas. Como uma cortina de palco, as nuvens abrem-se e surge uma lua-cheia no céu, que me atinge como uma surpresa. Sinto os olhos humedecerem-se, uma lágrima escorrer, mas, embora seja dotado de sensor, não tenho outro limpa-pára-brisas que não seja uma mão, ocupada no volante. Foi um dia que se balanceou entre o bem e o mal, e volto a casa na harmonia possível.

30 de Dezembro de 2020

Noite. Estivemos a ver os dois últimos episódios de *Ethos*, uma minissérie turca, muito boa, que passa na Netflix. A Turquia actual faz recordar o Portugal dos anos 1970, 1980. Depois fui lá fora, encostar as portadas das janelas, pois é mais prático fazê-lo pelo exterior do que pelo interior. Já lá vão as duas da manhã e está um tempo glacial. Foi dia de aguaceiros, mas agora o céu está lavado e há um silêncio especial no ar. A *Tangerina*, que gosta de estar sempre por perto de um ser humano, deixou o *pouf* à lareira, saiu comigo e está, aqui ao lado, a lambiscar água de uma poça da chuva. Enquanto fico à espera que termine, procuro a lua cheia de ontem, mas não a encontro no céu. Ao reentrar em casa, chega-me o som de música a tocar baixinho na aparelhagem e vem-me à lembrança a primeira estrofe de *Famous Blue Raincoat*, a canção do Cohen: «*It's four in the morning, the end of December...*»

—

Hoje, depois de almoço, estava a meio de lavar os dentes, ligou o N., que telefona sistematicamente quando estou a meio de algo difícil de interromper de imediato. N. telefona, em média, duas ou três vezes por semana, isto é, muito mais do que antigamente, quando os seus telefonemas podiam somar duas vezes em cada mês. Tenho reparado que esta nova intensidade nos contactos é, na generalidade, um fenómeno frequente desde que a pandemia nos bateu à porta. Por exemplo, no Facebook: a partir de Março (quando o pessoal ficou em confinamento), era ver toda a gente a soprar o pó a fotografias antigas e a postá-las, a perguntar o que era feito de Beltrano e de Sicrano, que apareciam, como fantasmas desfocados, nessas fotos; gente a tentar reatar conhecimentos, a enviar pedidos de amizade, a mandar saudades. Outros, em vez de gente, punham fotos de pães, bolos e pudins que tinham acabado de fazer, adivinhas, desafios matemáticos; e o pessoal em teletrabalho não consegue manter controlo sobre gatos e cães domésticos, os quais, à vista de todos, saltitam alegremente pelos monitores dos computadores; nem evitar os filhos, que entram pela sala dentro a perguntar qualquer coisa. Alguns adultos responsáveis levantam-se para ir buscar um *dossier* e toda a gente na teleconferência percebe que estão de pijama da cintura para baixo! Um divertimento, temperado pela suave indulgência geral da pandemia. *Je suis* covid; somos todos covid.

Mas, voltando à vaca fria: N. terá pouco mais de 35 anos, e a mulher, D., deve andar lá perto. Têm dois filhos pequenos, um de cinco anos, outro de dois. Ou seja: raciocinando em termos de covid-19, nenhum deles tem risco especial de vir a ter, se a apanhar, doença complicada ou grave. E os putos ainda menos do que eles, ou, se forem contagiados, provavelmente nem vão desenvolver sintomas. No entanto, o agregado vive a pandemia como se fosse a Terceira Guerra Mundial ou como se a actual ameaça biológica fosse peste ou ébola! Quando vão à vila é como se fossem a Chernobil e N. acciona o comando de circulação de ar interior do carro, para que não entre nem uma molécula do exterior. Em Fevereiro, ainda a Direcção-Geral de Saúde dizia que a epidemia não extravasaria a China, e não se pegava de pessoa a pessoa, e já eles andavam a açambarcar caixas de máscaras na loja de pesticidas. Em finais de Março, ainda a DGS afirmava que as máscaras eram um trapo que não servia para nada, e já eles andavam a comprar jerricãs para armazenar água, pílulas para desinfectar essa água e painéis fotovoltaicos, portáteis, para carregar telemóveis e computadores, e poder continuar a seguir as notícias em directo, mesmo que todos os empregados da EDP, da Endesa e da Iberdrola caíssem doentes, as empresas *crachassem* e faltasse a luz e a internet. Não era de todo mal pensado e, quando fiquei ao corrente, passei eu próprio pela loja dos chineses e abasteci-me de pacotes de velas, uma lanterna e vários rolos de pilhas alcalinas de longa duração. E uns pacotes de massa e umas caixas de conserva, claro. Se não as vier a usar, posso sempre enviá-las para o Banco Alimentar.

Além destas precauções, N. e D., para grande escândalo das educadoras, tiraram os filhos do infantário e vivem, desde os dias em que o papel higiénico se esgotou nos supermercados, os quatro aferrolhados no seu segundo andar, onde não deixam entrar ninguém, mesmo as avós inconsoláveis, e recebem as compras (sempre feitas online) através de um cesto que fazem descer até à rua por um fio e voltam a içar quando está cheio. Na varanda da marquise, N. tem um contentor de plástico, de cor negra, onde enfia, por dias seguidos, os produtos a «descovidar» por acção do calor do sol e dos ultravioletas, enquanto, na cozinha, D. mergulha os legumes em água lixiviada e dá polimento às frutas com um pano embebido em detergente. Acho que nenhum irá apanhar covid-19, mas talvez venham a morrer intoxicados de tanto detergente, falta de ar renovado e luz solar. Quanto aos miúdos, todos os vizinhos se aprestam a preocupar-se com a falta de contacto deles com outros seres humanos, e uma histérica de serviço falou até em sinalizá-los à Segurança Social, por maus-tratos dos pais ao impedi-los de conviver com terceiros e poderem vir a ficar traumatizados por toda a eternidade. No entanto, as crianças estão óptimas e contentes como só na infância se consegue estar e sem ser preciso demasiado... Às vezes, a família aparece a dar uma volta pelo nosso quintal — temos um contrato estabelecido sobre isso — e vemo-los e conversamos com eles das janelas, a criançada agitada em torno da *Tangerina* ou do *Megabyte* (a tartaruga terrestre, que tenta usufruir de um inesperado raio de sol em sossego), espreitando as galinhas da vizinha pelos buracos do muro, tudo sob o olhar benevolente e FFP3 dos pais. Quando partem e se metem no automóvel, saio ao portão a dizer um adeus e N., sempre previdente, fecha o vidro eléctrico da janela do carro mal me aproximo, enquanto, por trás do outro vidro, D. me sorri um sorriso desconsolado. O inferno são os outros, já lá dizia o Sartre.

31 de Dezembro de 2020

Último dia do ano. Costuma ser um dia simbólico; pessoalmente penso que, pelo lado da pandemia, pequena diferença irá haver entre o ano que termina e o que começa. Se as coisas mudarem, será tão gradualmente que pouco se notará.

—

Isto de ser médico, ainda por cima da especialidade de saúde pública, tem que se lhe diga. As dezenas de telefonemas que despachei ao longo do ano, com as perguntas mais estapafúrdias, as ansiedades mais desencontradas. O assunto dessas consultas, como as vagas da epidemia, tem variado ao longo dos meses, e se houve uma altura em que a conversa incidia, sobretudo, sobre se o vírus se transmitia pelas superfícies (móveis, bancadas, puxadores de portas) e se era perigoso ir ao cabeleireiro ou à hidroginástica, agora a coisa escorregou para perguntas sobre segurança e eficácia das vacinas. E a atitude geral em relação a isso é de total irracionalidade, mal-grado as pessoas estarem cheias de ver e de ouvir relatos sobre o que a covid-19 pode provocar nos nossos pobres corpos. Quando corre da pior forma, a doença mata que se farta, lenta e cruamente, a mais frequente das quais é a de se morrer sem se conseguir respirar, afogado no líquido que inunda os próprios pulmões. Pois, apesar de não desconhecerem tudo isto, de terem visto as faces destroçadas e as descrições aflitivas de quem lida de perto com o mal nos hospitais, as gentes, com a volatilidade insana das redes sociais, fartam-se de especular e temer uma simples vacina, a qual os irá safar do problema e que, na pior das hipóteses, poderá ter uma consequência grave, ou relativamente grave, por cada milhão de pessoas vacinadas! Mas, qual quê: todos morrem de medo da picadela, no pavor de que ela as fulmine na hora, ou lhes provoque amolecimento cerebral três décadas mais tarde. E isto, apesar de se atascarem diariamente de medicamentos com uma lista de efeitos secundários que se prolonga pela frente e verso da bula que vem enrolada dentro da caixa. Tenho de tomar um medicamento contra o colesterol durante vinte anos e aquilo tem bastantes efeitos adversos? Quero lá saber, desde que isso me permita continuar a comer queijo da Serra, daquele amanteigado...

Mas, voltando ao *top* das consultas telefónicas grátis, uma das melhores aconteceu-me hoje, último dia do ano, e veio do interior da cidadela; isto é, da minha irmã mais velha! Como sempre acontece com as queixas dos doentes, vi-me forçado a estar para ali a desbastar, a sintonizar detalhes, até perceber o que me queria e qual teria sido a génese do que a apoquentava. Dizia ela: «Sabes, a Ermelinda, aquela minha amiga do voluntariado?»

A minha irmã Clara integra o corpo da legião de voluntários que, no Hospital de S. João, massacram a paciência aos doentes internados, a quem já não bastava ter de ver os programas da manhã na televisão e ainda têm de aturar gente bem-intencionada, que entra pelas enfermarias dentro a qualquer hora.

«Ermelinda? Não estou a ver... Mas o que se passou?»

«Estou cheia de medo: telefonou-me hoje e está com covid; fez o teste ontem e deu positivo... Tenho receio que me possa ter pegado.»

Fiquei algo apreensivo, embora tivesse a ideia, vaga, de ela me ter referido que o trabalho dos voluntários fora interrompido há meses, precisamente para evitar que gente de fora pudesse levar a doença para dentro do hospital. Será que as duas se teriam encontrado noutro local qualquer? Por vezes, a minha irmã reúne-se, para tomar café e pôr a má-língua em dia, numa confeitaria próxima da casa dela.

«Mas tens saído ultimamente? Encontraram-se; ou ela foi aí a casa? Quando foi a última vez que estiveste com ela?»

«Ui, já não a vejo há mais de seis meses; desde que o voluntariado parou!»

Senti-me suspenso numa nuvem de paradoxo.

«Mas, então, como é que podes ter sido contagiada por ela? Foi aí levar-te alguma encomenda, recentemente?»

«Não, não estive com ela... Mas temos falado ao telefone, quase todas as semanas... E como me tinhas dito para ter cuidado com o telemóvel, e de vez em quando lhe passar um pano com álcool, a desinfectar...»

Desentrelaçado o equívoco, fartámo-nos de rir e ela passou a explicar-me os sintomas da Ermelinda, que não tinha nunca tido febre, mas que deixara de sentir o cheiro do bolo-rei e fora isso que a alertara para que algo não estava bem.

«Sim, é um dos sintomas possíveis; perder o cheiro e o sabor...»

«Isso não disse, até referiu que o bolo-rei deste ano sabia melhor do que o do ano passado.»

A conversa tinha-me feito fome e, uma meia hora mais tarde, estava na cozinha a barrar uma fatia de pão com manteiga de amendoim e a dar-me conta de que era necessário fazer mais pão, quando ouvi bater à porta.

Nos dias que correm, reconheço, na perfeição, quem possa estar a tocar-nos à porta, pois, para começar, pouca gente anda por aí a circular nas ruas e os correios já não batem para deixar encomendas, nem sequer nos chateiam com assinaturas em ecrãs de telemóvel ou iPad, feitas com aquelas canetas electrónicas que transformam a rubrica num sarrabisco ilegível para nós próprios. Limitam-se a pousar as encomendas no peitoril de uma janela e põem-se a andar. Depois chega-nos um e-mail ou um SMS a comunicar que foi entregue aquilo que já recebemos.

Actualmente, nesta casa, podem ocorrer três tipos de toque na porta da entrada: um, discreto e muito leve, como alguém que pensa que poderá estar toda a gente a dormir, é o toque da D. Luísa, a nossa vizinha de trás. Depois, há o da Carlota, a nossa empregada, que atroa a porta como se quisesse acordar os mortos. Resta um terceiro modo de bater, constituído por dois toques, com um silêncio hesitante entre eles. É o toque do M., que conhecemos familiarmente por *Tóxico*, e esse, ao abrirmos, não estará encostado à porta, recuou até ao fundo, até aos degraus que dão acesso à soleira, e já assim procedia nos tempos pré-covid-19; penso que terá a ver com o estatuto de indesejável que atribui a si próprio.

Conheço o M. há anos, talvez doze, talvez quinze. Aparecia por aqui integrado naquelas equipas que vendem rifas cujo produto reverte para uma dessas associações de ex-toxicodependentes que têm nomes como REMAR, COMEÇAR DE NOVO, AUTO-ESTIMA, ou outro disparate semelhante.

Costumava comprar-lhe uma rifa e ele lá me passava um recibo para o IRS, numa letra tremida de quem está pouco habituado a escrever ou tem as mãos entorpecidas por frieiras e por andar a remar na rua no Inverno, a bater à porta de casas. Estive sem o ver por umas temporadas e, um dia, bateu à porta a pedir se o podia ajudar e comunicando, à cabeça, que já não tinha nada que ver com a associação das rifas. Já se livrara da heroína, fora considerado reabilitado, e estava num programa de metadona, mas com uma dose de desmame muito pequena, já nem pedrado ficava, coitado. O problema é que os anos de vício lhe tinham limpado todos os dentes da boca, apanhara hepatite C com as agulhas, e tivera um acidente que lhe cegara um olho. Resumindo: sem dentes, a cara chupada, e um olho leitoso, M. tem um aspecto algo assustador à primeira vista, e não conseguia que ninguém lhe desse trabalho, quanto mais emprego. Mirei-o com o olhar interior de que aquele gajo poderia ser eu, ou vice-versa, se as sortes tivessem rodado de outra maneira! Tudo lhe correu mal, vim a saber nas visitas subsequentes e com os comentários da vizinhança; na geração anterior até os pais dele já andavam nas lides do pó!

E pronto, candidatei-me a dar-lhe algum dinheiro todas as semanas e fui conhecendo-o melhor, percebendo que, além do ar imediato, M. era um tipo atento, afectuoso e bondoso. *Nina*, a cadelinha com que um dia apareceu, era o exemplo disso. Adoptara-a e safara-a de uma sorte ainda mais madrasta do que a dele. E a rafeira não podia parecer mais feliz, repoltreando-se no colo dele, vindo-me trepar às pernas e lambendo com satisfação a tigela de água que lhe punha à entrada, enquanto ia vendo os boletins de análises e sabendo novidades sobre o tratamento à hepatite C, que o dono andava a fazer e que o curou do mal em poucos meses. Resolvida essa maleita, seguiram-se os dentes e, junto com outros, ajudei no processo dispendioso que incluiu TAC, implantes e terminou numa dentadura completa que, orgulhoso como um puto, veio mostrar no mesmo dia em que lha puseram, abrindo, para mim, como um escravo num pódio de leilão, a boca reluzente.

Bem, era véspera de mudança de ano, e M. vinha desejar um bom Ano Novo, a mim e à Sr.ª Dr.ª, pôs um punho sobre o coração e, em balanço anual, agradeceu o ter sido amigo dele ao longo destes tempos e, particularmente, o reforço que lhe fizera este ano, em que, por causa da puta da pandemia, nem os trabalhos sazonais nas obras ou na apanha da pêra lhe fizeram entrar algum rendimento.

Adesão à vacina acima dos 90 % nos hospitais públicos

31/12/2020

«E bom ano também para a *Tangerina*», diz ainda, sorrindo, virando costas e desaparecendo no portão, que fecha sempre cuidadosamente atrás de si.

«Igualmente para a *Nina*», mando recado, pois hoje a cadelita não veio com o dono. Está um fim de tarde gelado, impróprio para um ser vivo andar na rua.

Por vezes, se acontece estar por aqui alguém, que choca com ele quando vem buscar o seu donativo semanal, é possível que o meu convidado, ou convidada, arrepiando-se um pouco, pergunte: «Este tipo parece saber tudo sobre ti, até sabe o nome da gata e que ontem não estiveste em casa! Não tens medo que, um dia, te possa assaltar? Afinal, está habituado a abrir o portão, a ver por onde se entra; vê, pela janela da sala, tudo o que tens cá dentro...»

«Medo nenhum», respondo, confiante do que digo e sobre quem o digo; «ele seria uma das últimas pessoas a pensar fazê-lo.»

1 de Janeiro de 2021

Primitivamente, tinha escrito 1 de Janeiro de 2020, como geral e erradamente acontece nos dias iniciais de um novo ano, antes que nos habituemos à mudança do calendário.

Ontem, além da visita, em carne e osso, de M., recebi, ao longo do dia e até às primeiras horas de hoje, uma série de SMS, e-mails e mensagens de Facebook a desejar bom Ano Novo, na sua maioria referindo-se a 2020 ou ao «ano que agora termina» como «horrível», «para esquecer», etc.

Acontece que não acho o mesmo e me desgosta um pouco ver as pessoas pronunciar-se desse modo tão «pedra sobre o assunto», como se as experiências duras servissem apenas para esquecer e, delas nada se pudesse tirar de proveito. Fico-me a pensar em 1918, o ano da gripe espanhola: cem milhões de mortos, mais de metade deles em menos de um ano e com uma guerra mundial a decorrer em paralelo. Com um terço dos conhecimentos médicos que temos agora (o vírus dessa gripe só foi descoberto catorze anos mais tarde), sem antibióticos, sem vacinas; com uma grande fatia da população mundial em estado de fome ou de subnutrição, logo com um sistema imunitário pouco apto a defender-se da doença. Morreram famílias inteiras, e em quase todas dois ou três membros restaram apenas como memórias em fotografias. Comparado com tudo isso, esta pandemia covid-19 tem sido uma amostra de desgraça, como aqueles frasquinhos diminutos que só dão para experimentar o aroma de um perfume novo.

Mas é assim, mimado, que o nosso mundo afluente está, e, nos últimos anos, uma palavra que vi multiplicar-se nas conversas e nas entrevistas televisivas, sobretudo na boca dos jovens, foi a palavra «confortável»: «Não me sinto confortável com isso», «prezo a minha zona de conforto», etc. A vida, como todos aprenderão, mais cedo ou mais tarde, não é para ser confortável, tem até o seu quê de derrota invencível, como todos os fenómenos com um começo e um fim. A vida traz de tudo, de vez em quando conforto, mas, fixados apenas nele, não aprenderemos as grandes verdades e a frustração tenderá a tomar conta de nós.

Esperava que a experiência desta pandemia ensinasse essa lição tão barata, mas não sei se isso virá a acontecer, pelo menos de um modo razoavelmente generalizado. Vindo de algumas experiências duras anteriores, habituei-me, por ausência de outro remédio, a encarar aquilo que se chama futuro com paciência, a fatiar a sua chegada em dias, em horas, e a não especular além disso. É óbvio que esta atitude é conhecida e aconselhada há muito, há tanto, que nem ainda Maria, mãe de Cristo, sonhava que uma manjedoura pudesse servir de maternidade. Mas uma coisa são os livros de auto-ajuda, outra coisa é percorrer o dia-a-dia.

2 de Janeiro de 2021

Sábado. Como se acabaram as laranjas e precisamos de cenouras e fermento para pão, saímos de manhã para ir ao hipermercado; com alguma pressa, pois era quase meio-dia e a partir da uma entramos em recolher obrigatório, a que os políticos, sempre líricos no relacionamento com o povo, preferem chamar o dever cívico de ficar em casa... Esgadanham-se todos, numa competição, a ver quem inventa as frases mais idiotas!

Já quase não havia onde estacionar e, enquanto dava voltas no parque, a Ana ia-se interrogando porque haveria tanta gente, quer ali, quer no LIDL do lado de lá da estrada, também esse com o parque de estacionamento a abarrotar e uma fila de gente à porta. Seria, especulava a Ana, porque as pessoas tinham agora pouco dinheiro e, por essa razão, não se podiam precaver a comprar *stocks* para ter em casa, sendo obrigadas ao consumo imediato e avulso?

Mas, baseado no conhecimento acumulado sobre o povo a que pertenço (o tal que lavava no rio, antes do advento das máquinas de lavar), eu expunha outras teorias sobre o assunto: primeiro, faltava menos de uma hora para as lojas fecharem e os portugueses compram e fazem tudo em cima da hora; segundo, se há confinamento às 13h00, ai, então, nós vamos sair e ver como param as coisas lá por fora, e só regressaremos a casa às 12h59. Terceiro, mais do que às compras, a malta andava a ver montras, como verificámos lá dentro. Metade das pessoas não comprou nada e passou pelas caixas de mãos a abanar e máscara comunitária. Cirandavam pelos corredores, a ver as novidades; por vezes famílias de pai, mãe e filhos, a pasmar para aquele tipo de prateleiras com pechinchas que o LIDL tornou um clássico.

Senti-me identificado e mais português ainda. Tenho dado comigo, desde que isto começou, a fazer do dia de ir ao supermercado, à farmácia ou aos correios um dia especial. O tempo dedicado a isso, que antigamente era inconsciente, frenético e comezinho, espraiou-se, escoa-se como um ribeiro em meandros de Verão; ganhou o tempero de uma surtida aos saldos, com cinema e pipocas incluídas. Não tardará que me vista de modo especial e que vá aparar as sobrancelhas na véspera de ir ao Multibanco!

—

À tarde, fiz pão. Quando a pandemia começou especulava-se muito sobre a transmissão do vírus através de superfícies e objectos, e o pão apanhou por tabela. Apesar de ser cozinhado a altas temperaturas (o que destrói bactérias, fungos e vírus), o pão é, em seguida, transportado de um lado para o outro e mexido por várias mãos. Toda a gente teve medo e desatou a fazer pão em casa e a farinha desapareceu dos supermercados com a mesma velocidade do papel higiénico. Comprei um saco de 25 quilos (!) numa cooperativa agrícola — o que aquilo me durou! O que vale é que a farinha se pode congelar e nem sequer se aglomera ou fica em bloco, como a água: mantém-se em pó como se nada fosse.

Fazer pão é relativamente simples e só é necessário ter à mão farinha, água, fermento, sal, e calor para o cozer. Em si, o processo torna-se rapidamente familiar e aprazível: ver a mistura levedar e crescer dentro da tigela; amassar o resultado enquanto se asperge de farinha, uma mistura moldável que sabe bem às mãos. E quando se vai ao forno retirá-lo, pronto e crocante, que milagre. Há algo da família do sagrado no processo, algo que inspira respeito e tantas décadas mais tarde percebo a frase da minha mãe quando dizia: «Nunca se deita pão fora!» Suponho que terá sido dessa atitude que nasceu a açorda, as rabanadas e as migalhas que se vão deitar aos pombos, aos patos e aos peixes.

3 de Janeiro de 2021

Resolvi acender a lareira logo ao início da tarde. Está frio e, além do aquecimento, ver um lume aceso é reconfortante, é como se fosse uma outra companhia viva na casa. Fui lá fora buscar lenha, pois o cesto de vime, onde se guardam as achas, está pela metade, não se aguenta até ao fim da noite. Estava de volta e, precisamente, a sacudir as poeiras e as espículas de madeira da camisola quando o telemóvel tocou. Espreitei o visor: era S1. Não atendi, não ia encetar uma conversa antes de ter a lareira acesa e o lume estabilizado. Uma conversa com ela, nunca significa menos de meia hora, três quartos de hora. S & S é como nos referimos à dupla Sónia e Sandra, que moram em Lisboa, numa casinha encantadora não longe do Príncipe Real. S & S são um casal estabilizado e, por vezes, para as identificarmos, quando as citamos, distinguimo-las como S1 (Sónia) e S2 (Sandra). São ambas modernas, alternativas e hipocondríacas q.b., mas S1 é mais demorada e sinuosa a expor os males ou as dúvidas, enquanto S2, de personalidade seca e cortante, é mais breve e despacha qualquer contacto telefónico em cinco minutos. Se ambas entram na mercearia de bairro e é preciso fazer uma cena de cidadão indignado, é S2 quem diz: «Não sei se o senhor se deu conta, mas tem a sua máscara abaixo do nariz: ora isso não o protege nem a si nem aos outros!» Ou, se foram à padaria e entra alguém atrás delas, será Sandra, que rápida e peremptória, elucidará que «não sei se a senhora reparou, mas o aviso na porta diz duas pessoas de cada vez», enquanto Sónia não saberá onde se meter e os seus olhos fumarentos errarão por todas as prateleiras de pão de sementes.

Liguei de volta quando o fogo já cantava, e S1 recebeu-me com um: «Vi logo que não ias atender, nunca atendes à primeira; fico sempre a pensar se te posso ter melindrado da última vez que falámos...» Imaginei-lhe a cara, a expressão. Era provável que, naquele instante, tivesse a testa encorrilhada de preocupação, os olhos, indecisos e cor de fumo, franzidos numa atenção expectante, tentando adivinhar o que não via e o seu possível significado. S1 é naturalmente desconfiada e, mesmo quando me põe questões médicas concretas, daquelas a que posso responder sem pestanejar, segundo o que é universalmente reconhecido e aceite na arte, ela retorquirá invariavelmente com um: «Tu achas?!»

Ficarei sempre sem a certeza se deu como boa a minha informação; se irá proceder como aconselhei ou se, pura e simplesmente, continuará a duvidar, paralisada na sua ansiedade; se irá procurar uma segunda opinião, ou se em vez do paracetamol e da amoxicilina inofensivos que lhe aconselhei para a bronquite, exacerbada pelo frio (é uma fumadora incoercível, das que se levanta a meio da noite para fumar), irá optar pela segunda opinião do próximo que encontrar; por uma preparação homeopática; ou acabar a gargarejar um combinado de própolis, equinácea e gengibre... E se, já a prever que aquilo se irá complicar e acabar num tratamento mais agressivo, lhe sublinho a necessidade de iniciar desde já o antibiótico e o tomar até ao fim, ela dirá, do lado de lá do fio: «Tu achas? E se esperasse mais uns dias, a ver no que dá? Afinal, o corpo tem os seus próprios meios de regeneração natural...»

S2 (Sandra) não é menos hipocondríaca do que S1, mas telefona menos; delega em Sónia e é com esta que tenho de me haver em tudo quanto aflige o casal e se relaciona com a pandemia, um fenómeno que veio alegrar as suas vidas como um bom filme de suspense e lhes permitiu criar em casa um *panic room* e um centro de informações. S & S têm, ambas, vários seguros de saúde, e, em média, deixam que lhes enfiem semanalmente uma zaragatoa pelos narizes acima; já experimentaram todos os tipos de testes de antigénios e anticorpos, dos rápidos e dos lentos, que apareceram no mercado; testes executados em ambiente laboratorial clássico ou em sistema de *drive in*. Mal ouvem falar de uma coisa nova, telefonam e, apesar das minhas reservas ou da declaração de inutilidade sobre o método no caso delas, lá irão experimentar o novo teste, a nova máscara ou o novo medicamento mágico.

«Já ouviste falar de uma substância chamada ivermectina? Achas que é boa? Achas que tomemos?»

«Porquê? Alguma de vocês está com sarna ou com piolhos?»

«Vá, não brinques com o que é sério! É claro que estou a falar da covid-19. Parece que é muito eficaz, tomado quando se tem a doença ou, até, antes de se ter a doença: diz-se que nem sequer se a apanha, que o vírus não pega e escorrega no sistema imunitário. A Sandra e eu estamos a pensar encomendar pela net...»

«Também podem ir a uma loja de produtos veterinários», sugiro, «costumam ter disso. Tem juízo», aconselho. «Essa droga foi apenas estudada em laboratório, não há prova nenhuma de que seja eficaz e segura em seres humanos...»

«Tu achas?»

Digo que sim, mas ela já mudou de assunto e expõe-me uma perspectiva sobre uso de máscara veiculada pelos Médicos Pela Verdade; quer saber se vi o vídeo e o que penso.

«Penso que são uns imbecis! Aliás nem sei porque se chamam, a si mesmos, assim; metade deles não são sequer médicos.»

«Tu achas? Bem, alguma coisa do que dizem deverá ser verdade... Se existem...»

Além de equitativamente crédula, S1 tem uma costela paranóica e sente atracção por teorias da conspiração. Já achou que o vírus tinha sido inventado por um laboratório chinês e quando lhe perguntava com que intenção ou vantagem os chineses o teriam feito, respondia: «Sei lá, como queres que saiba com tanta informação contraditória?! Para controlar o mundo, suponho; venderem-nos ainda mais coisas...»

«Mas não achas que seria um perigo bastante grande, lançar assim, por aí fora, um ser microscópico que se pode descontrolar e vir a atingir os próprios; paralisar o mundo?»

Ela não gastou demasiado tempo a pensar nos chineses e se o vírus nascera num mercado ou num laboratório, pois, entretanto, ficara fascinada pelas gravações áudio, anónimas, onde se ouvia gente a dizer: «Trabalho num hospital da área da grande Lisboa e há mortos por todos os lados, acumulados nas morgues e nos corredores.» Mas hoje, que as primeiras caixas fumegantes chegaram por Badajoz, as ansiedades e dúvidas dela(s) estão todas apontadas ao frenesi das vacinas. S1, além de comentar o bom-gosto da ministra da Saúde a vestir-se, é de opinião de que a vacina da Moderna tem por principal finalidade tornar o Bill Gates ainda mais rico do que o que é e, por isso, não quer ser inoculada com essa. Chegou a minha vez de perguntar: «Tu achas? Não te apercebes que é já rico que chegue? Tanto quanto me parece, ele, precisamente, anda a experimentar como se ver livre de algum do seu muito dinheiro de uma forma útil, e deu em filantropo, um filantropo inteligente; tem acontecido a muitos ao longo da história...»

Mas Sónia já se desinteressou de Bill e Melinda Gates: quer saber o que poderá fazer para poder vir a escolher a vacina anti-covid-19 que mais lhe apetecer: «Não quero a da Moderna e, devo confessar-te, que tenho medo da vacina da Pfizer. Não achas que pode ser um perigo muito grande administrar a uma pessoa um produto que é mantido a uma temperatura assim tão baixa? Nenhuma de nós é um urso polar!»

«Mas eles não ta vão inocular a menos 70°C», informo, «aquilo é posto a descongelar até atingir a temperatura ambiente».

«Mesmo assim... Pode provocar algum nódulo frio, uma espécie de trombose ou tromboflebite; sei lá... E o choque anafiláctico? Não achas que tenho um risco acrescido?»

«Tu?! Porquê?»

«As minhas enxaquecas, a minha rinite... O imuno-alergologista diz que poderiam ser de base alérgica.»

«Sim, mas nunca te descobriu nada! E não sei porque é que vocês se estão a preocupar agora com isso? Tens 31 anos, a Sandra 38 ou 39; nenhuma de vocês pertence a nenhum grupo de risco; vai demorar séculos até que chegue a vossa vez. E, quando isso acontecer, não vão poder escolher a marca que querem: vão levar a que vos estiver destinada.»

«Tu achas?», diz ela, «a Sandra tinha pensado em escrevermos para a AstraZeneca...»

«Acho boa ideia», louvei, «já agora escrevam também ao Putin.»

«Não se pode falar contigo...», censura.

—

Começa a entardecer e, para o lado do mar, uma risca vermelha atravessa o céu: amanhã vai voltar a estar frio. Logo à noite, tenho a certeza de que vão anunciar isso mesmo no final do telejornal, mas, como diz o Bob Dylan, não é preciso um meteorologista para dizer de que lado sopra o vento.

4 de Janeiro de 2021

Segunda-feira. Está um frio polar, embora isso não pareça estar a provocar nem demasiadas gripes, nem tantas das infecções respiratórias comuns a esta altura do ano. Possivelmente é uma vantagem indirecta do uso de máscaras e de toda a etiqueta respiratória e de distanciamento a que a covid-19 tem obrigado. Não entra corona e não entra o resto, pois os vírus respiratórios partilham muitas características comuns e o tipo de transmissibilidade é uma delas.

Talvez seja impressão minha, mas os dias parecem um pouco maiores; acho que já anoitece mais tarde. Pode ser só uma questão de minutos, pode ser só impressão minha, mas a esperança é leviana a insuflar-se e abastece-se sofregamente nos pormenores.

/

ANA PAULA RODRIGUES

30 de Dezembro de 2020

«Quando me pediu que jurasse que nunca abriria a caixa por motivo nenhum jurei, mas assim que entrei no comboio desatei o cordel, tirei os cadernos para fora e comecei a ler.»
E. Ferrante

No regresso do Instituto, telefonei para casa para queimar um pouco do tempo no trânsito — sim, porque o trânsito continua como se não estivéssemos em pandemia — e do outro lado do telefone uma frase, na sua voz quente como um casaco de Inverno, encheu o habitáculo do carro e o meu coração: «Venha, que tem aqui dois postais.» Um já seria o suficiente para me alegrar neste dia gelado que passei no Instituto (as obras do sistema de aquecimento ainda não terminaram), mas dois postais, assim juntinhos, é caso para dizer que o todo representa mais do que a soma das partes. Tenho esse gosto por postais, o que causa, quase sempre, grande surpresa nos destinatários, embora raramente receba notícias de volta no mesmo formato, pois o correio terrestre, como o meu chefe diz, está fora de moda. Mas este ano, em que não enviei um único postal, fui eu a surpreendida.

Creio que este gosto por cartas me veio, diria eu, da descoberta de cartas e postais que encontrava perdidos entre fotografias e botões nas gavetas das mesas de cabeceira ou nas arcas da casa dos meus avós. Correspondência de pessoas que eu não conhecia, que falavam de um dia-a--dia tão insignificante, que os próprios donos, se ainda estivessem vivos, teriam já esquecido, mas que estavam ali para a eternidade. Este gosto foi ainda mais acentuado pelo contraste de ter crescido numa família em que o muito que se escrevia eram listas de compras, ou cadernos de endereços e de números de telefone, e mesmo estes só começaram a ter forma de tal quando eu e a minha irmã tomámos a iniciativa de arranjar um caderninho que passou a ficar ao lado do telefone e que enchíamos de endereços e números de telefone na caligrafia muito redondinha dos tempos da escola primária. Antes disso, as moradas e telefones eram apontados em papéis avulso, empilhados na caixa da papelada e, não raras vezes, era preciso procurar por um número que não era tão usado. Não me lembro de postais de anos ou de Natal, de se escreverem cartas aos primos, tios e avós que moravam lá longe. Às vezes, sim, havia uma carta que chegava da tia freira com umas estampas de santinhos com nomes espanhóis ou com um calendário litúrgico. Talvez já na altura essas cartas nem fossem escritas por ela, mas pela sua secretária pessoal. De qualquer modo, não me lembro nunca de lhe termos escrito. Havia, às vezes, umas cartas do tio Augusto para o meu pai, numas folhas de linhas de uns blocos de papel de carta que existiam na altura. A essas, talvez o meu pai respondesse, no mesmo papel de linhas, mas também isso não recordo. Mais tarde fui eu que lhe comecei a escrever, primeiro para o Porto, depois para Alvaredo. Escrevia também postais e longas cartas para os meus primos, que moravam em Lisboa, e nas férias escrevia postais aos que tinham ficado em casa. Desde sempre guardo todas as cartas, postais e, até, recados em maços atados com fitas de cetim, que arquivo em caixas de sapatos que forro com papel de embrulho às flores. Se algum dia enlouquecer não me deixem deitar estas caixas fora.

Foi bom chegar ao aconchego do lar e depois de me «descovidar» num duche de água bem quente e de vestir o pijama a cheirar a alfazema, sentar-me à beira da lareira a ler aqueles dois postais. Num ritual lânguido, para prolongar aquele momento, olhei para ambos os envelopes, li as moradas, admirei as letras e só depois abri e li o primeiro e depois o segundo. Ambos vinham do Porto. O primeiro era um postal com uma pintura de Matisse num envelope acastanhado; o outro era um típico postal de Natal, num envelope branco, imaculado, com votos de um 2021, se não melhor, pelo menos *covid-free*. Penso como em menos de um ano novas palavras invadiram o dia-a-dia, a tal ponto de integrarem até os nossos votos de Ano Novo. Covid-19, acrónimo de *coronavirus disease 19*, a doença com nome de extraterrestre, que fará o nosso tempo ficar na história.

Os números da covid-19
Foram registados, nas últimas 24 horas, 6049 novos casos de infecção pelo novo coronavírus e 79 mortes por covid-19. Se não me falha a memória, este é o número de mortes mais elevado desde o início da epidemia em Portugal.

31 de Dezembro de 2020

Hoje estava em casa, a trabalhar, quando ouvi, através da janela do escritório, um palrear de crianças que me parecia mesmo no quintal, e ao fundo uma voz de adulto em tom de advertência. Pus-me à escuta para ver se reconhecia as vozes ou se as ouvia afastarem-se na direcção da escola que fica ao cimo da nossa rua. Talvez fosse a D. Aninhas que, à hora de almoço, vai levar ou buscar o neto que anda aqui na segunda ou terceira classe (ou será já no quarto ano, como se diz agora? É que o tempo passa tão depressa...). Mas as vozes estavam cada vez mais nítidas e pareciam ser de mais do que uma criança. «Não mexas no gato, que morde», ouvi. Não, aquilo era mesmo no quintal e a gata só podia ser a nossa siamesa de olhos azuis meio estrábicos, pouco amiga das carícias das redondezas. Assomei-me à janela da sala de estar e chamei «*Jaciiinta*». Lá vinha ela de rabo no ar, perseguida pela Maria e pela Joaninha. Que estariam aquelas duas ali a fazer naqueles tempos perigosos de pandemia a correr livremente no nosso quintal? E riam, riam alto, sem sequer olharem para mim ou para os pais, que lhes vinham no encalce. «Viemos cá tomar chá», diz-me o Filipe com um grande sorriso no rosto. «Cá a casa? Aqui dentro? Mas onde estão as vossas máscaras?» Aquilo não me parecia nada bem, aparecerem assim sem avisar e ainda por cima sem máscara, nem que fosse daquelas comunitárias... Acordei. Só poderia ser um sonho, claro! Um sonho que há um ano atrás nunca poderia ter tido, mas, agora, máscaras, álcool-gel e distanciamento social estão tão incrustados nas nossas peles que já saltaram para os nossos sonhos e também para as brincadeiras das crianças. Este sonho nunca poderia ter acontecido na vida real, e era essa a estranheza que sentia durante o sono. Esta família com quem sonhei é real e está fechada entre as quatro paredes do seu apartamento à beira-mar, desde que surgiram os primeiros casos covid-19 em Portugal. Os pais trabalhavam em teletrabalho antes da pandemia, mas desde então acabaram-se as idas à escola e não há visitas de amigos ou idas ao supermercado. Mesmo as idas ao Centro de Saúde, para vacinar a criançada, são meticulosamente preparadas, como se fossem a um centro nuclear, e os muitos passeios em família são feitos no campo ou à beira-mar, longe da vista de qualquer outro ser humano. Fizeram a sua própria bolha familiar nos primórdios de Março e nela se vão manter sabe-se lá por quanto tempo, que a covid-19, essa veio para ficar. Por isso, eu não queria acreditar vê-los por aqui, sem máscara e prontos para um lanche dos tempos pré-pandémicos. Só mesmo em sonhos! Acho que esta foi a primeira vez que sonhei com a pandemia, mas nos últimos seis meses tenho sonhado muito, sonhos vívidos dos quais quase sempre me recordo ao despertar. Efeito secundário do ansiolítico, creio, mas que me tem sido útil nas sessões semanais de psicoterapia, que comecei a meio deste confinamento.

O resto do dia foi um normal dia de teletrabalho. Planificação da segunda fase do Inquérito Serológico Nacional à covid-19 — Serológico, como carinhosamente lhe chamamos — e que vamos começar no final de Janeiro. Houve ainda tempo para o regular Boletim de Vigilância da Gripe das quintas-feiras, o último deste ano.

E a noite foi também uma noite normal, véspera de qualquer feriado. Vimos um filme alugado no videoclube da MEO, que terminou dois minutos antes da meia-noite. Mas nem por isso mudámos de canal para ouvir as doze badaladas, e assim esta foi a primeira passagem de ano em que não engoli as doze passas, nem pedi os desejos do costume ao som das badaladas. É que este ano, apesar da esperança na vacina, que tem aberto todos os telejornais da última semana e que tem dado horas contínuas de bons momentos televisivos à roda do bom desempenho e disposição dos recém-vacinados, o *Reveillon* não marcou a mudança para um ciclo novo, porque continuamos a ter a pandemia em pano de fundo.

Talvez por isso, tenha havido menos telefonemas de votos de bom ano. Eu, pelo menos, fiz menos telefonemas, porque me pareceu estranho desejar um bom ano quando sinto que vamos entrar numa terceira onda pandémica. Também recebi menos telefonemas, mas não sei se terá sido pelas mesmas razões.

Os números da covid-19
7627 novos casos de infecção e 76 mortes por covid-19. O número de novas infecções é talvez o mais elevado desde o início da pandemia.

1 de Janeiro de 2021

Acordei às 08h10. Demasiado tarde para um dia de trabalho, mas demasiado cedo para um feriado.

Depois de um pequeno-almoço corrido e um café de máquina, decidi que seria melhor dormir mais um pouco e estiquei-me no sofá da sala, ainda quente do sono preguiçoso da nossa gata.

Acordei com o crepitar da lenha na lareira a metro e meio do sofá. Lá fora chovia e através dos estores da sala não se percebia qualquer luz do dia. Que horas seriam? Puxo o telemóvel, pousado no chão, que me mostra serem, afinal, 18h15. Sentia a cabeça à roda, como se estivesse de ressaca, e aquela terrível dor retro-orbicular, como se me estivessem a espetar os dedos nos olhos. Não devia ter dormido tanto, mas também fazer o quê num dia como este?

1939—2021
Carlos do Carmo
A voz de Portugal

01/01/2021

De todo calendário, o primeiro de Janeiro é o dia de que menos gosto, pois o ano que começa é uma porta para um futuro incerto que colide com o meu fraco gosto por surpresas. É assim desde sempre. Em adolescente, era assaltada pela nostalgia própria dos finais de festas, mas agora, depois de adulta, não é nostalgia o que sinto, é algo mais próximo de uma tristeza sem causa, em contraciclo com o resto do mundo em festa.

Pouco antes da hora de jantar, Pedro aparece na sala com um dourado pão-de-ló caseiro, num daqueles pratos de papel dos bolos de aniversário da minha infância, que eu e minha irmã adorávamos lamber para arrebanhar as últimas caganitas de chocolate aprisionadas no doce de ovos do papel (quantas lutas teríamos travado no final das festas para ganharmos aquele troféu?!). «Presente da D. Aninhas com desejos de feliz 2021» ouço-o a dizer em direcção à cozinha, onde Jacinta, como boa conhecedora que é dos hábitos cá de casa, o aguardava serpenteando-se entre o fogão e o frigorífico. Aquele bolo foi como um tiro para me arrancar da minha melancolia. Senti-me envergonhada por me ver ali estirada no sofá, entregue à minha tristeza sem causa, quando, quase paredes meias com a nossa casa, aquela senhora de carrapito branco e andar balançado das artroses dos joelhos não perde a fé num futuro melhor, mesmo quando a vida é tão negra como o luto que carrega. Junto-me a eles na cozinha, para pôr a mesa para um dia quase de festa. O jantar... sopa de legumes, borrego no forno e pão-de-ló dourado, em reportagem fotográfica para a Ana Rita, que depois daquele dia que dormiu cá em casa sempre quer saber o que é o menu do jantar.

Os números da covid-19
Foram registados, nas últimas 24 horas, 6951 novos casos de infecção pelo novo coronavírus e 66 mortes por covid-19.

2 de Janeiro de 2021

Hoje voltei a acordar muito cedo, como é hábito por agora. Tomei o primeiro café à pressa, antídoto das dores de cabeça que me assaltam quando este gesto se atrasa (como aliás aconteceu ontem), e ao mesmo tempo preparei um canto no escritório para a aula de ioga. Faço-o sempre ao mesmo tempo que tomo o café, antes que a vontade me passe, pois, pese embora o prazer e a paz que alcanço com estes exercícios matinais, tenho sempre alguma preguiça em dar o primeiro passo. E assim, o melhor é começar os preparativos enquanto estou meia ensonada, sem grande capacidade de retorquir ou inventar tarefas alternativas. De entre os milhares de aulas online, escolhi uma aula de ioga *nidrá*. Descobri esta prática numa das últimas viagens antes da pandemia. É um tipo de meditação guiada, que permite alcançar um relaxamento profundo e que, em mim, tem um efeito inesperado de me aguçar o sentido do olfacto. Ainda hoje, a milhares de quilómetros e centenas de dias dessas férias, não é raro sentir o cheiro doce dos arbustos que ladeavam o recinto do SPA onde fiz as primeiras práticas.

Depois da aula, digladiei-me para não voltar a fazer a asneira de ontem e não ceder àquela tentação de mais uma soneca no sofá. Continuava a ser ainda muito cedo e para queimar algum tempo, tomei um duche prolongado e demorei-me a secar o cabelo.

Ocupei o resto da manhã e a tarde a arrumar o escritório. Meu Deus! Como juntei papelada nestes últimos meses. Protocolos, e-mails importantes, notas de reuniões, manuscritos e relatórios diversos empilhados desde Janeiro. Lembro-me daquela reunião no início de Janeiro de 2020 por causa da gripe; já no fim a R. G. anunciou a existência de um surto de pneumonia por agente não identificado na China. Na altura, nem consegui perceber o nome da cidade, que poucos dias depois viria a estar na boca de toda a gente. Vi a preocupação nos seus olhos, contrastando com o olhar desinteressado dos altos dirigentes. Tudo se passava noutras latitudes, numa cidade desconhecida para a maioria, e onde os hábitos alimentares bárbaros dos seus habitantes seriam os responsáveis por esta situação que dificilmente chegaria ao nosso mundo civilizado. Depois disso foi tudo avassaladoramente rápido, curto o tempo de preparação, e errática a sua gestão. Paradoxalmente, este ano durou muito mais do que um ano. Os dias de trabalho foram esticados ao longo de noites e madrugadas e deixou até de haver a bonomia dos fins-de-semana, para uns pelo trabalho, para outros pela falta dele.

Os números da covid-19
Mais 3241 novos casos de infecção pelo novo coronavírus e 73 mortes por covid-19, ultrapassando o total das 7000 mortes desde o início da pandemia.

3 de Janeiro de 2021

Pequeno-almoço demorado, com torradas, sumo de laranja e uma fatia de pão-de-ló caseiro. Café cheio e sem açúcar para mim; curto, em chávena escaldada e com uma pastilha de adoçante para Pedro. Depois da pandemia, passámos a tomar o pequeno-almoço cá por casa e até Pedro, depois das caretas iniciais ao café *Nespresso*, que eu sempre tomei, tem agora as suas cápsulas preferidas. São as verde-brilhante com nome do país onde, desde o primeiro Janeiro do nosso namoro, se tornou um hábito passarmos o mês de férias de Inverno.

À tarde achei que ia trabalhar um pouco na preparação do serológico, mas, como quase sempre acontece quando é pouca a vontade, entreguei-me à companhia de um livro que Pedro comprara há poucos dias, numa das suas idas ao Porto. O primeiro romance de um colega com quem ambos trabalhámos. Gosto destas tardes assim, quando o vento frio sopra lá fora e cá dentro, enroscada na manta do sofá, me perco nas páginas de um livro. Escrito desta forma até parece que tenho lido muito, mas não! Em abono da verdade — expressão que me ficou das aulas de farmacologia da professora Tice no terceiro (ou seria quarto?) ano da faculdade — não tenho lido grande coisa. Ao longo destes últimos meses têm sido vários os livros deixados esquecidos aqui e além, sem nunca lhes chegar ao fim. Pensando agora nisto, a ver se não esqueço de amanhã devolver o livro que a Marta me emprestou no Verão.

Antes da hora de jantar, aquele toque irritante do meu telemóvel — nem sei bem porque escolhi tal toque, menos porque não o alterei ainda — no ecrã o nome do meu tio mais novo. Atendo e do outro lado «Olá Mana, bom ano!» (mana é a forma carinhosa como sempre me trata dada a nossa pequena diferença de idade). Percebo pelo tom ansioso da sua voz, que outro motivo haveria para aquele telefonema. *Et voilá*, depois dos cumprimentos de Ano Novo, lá surge o verdadeiro motivo da conversa. É que a terra da minha avó, tão orgulhosamente afastada da covid-19 e do novo coronavírus até ao virar do ano, está agora a braços com um surto no lar e importante transmissão comunitária. A terra da minha avó, mais perto de Espanha do que da sede de concelho, é uma daquelas aldeias beirãs já quase desabitadas, à qual este meu tio mantém uma ligação umbilical, mais forte do que a de qualquer outro irmão, apesar do menor número de anos que por lá viveu. Da nossa família directa já ninguém lá mora, mas para o meu tio este surto surge como uma mancha no imaculado passado da terra, como um castigo não merecido daquelas gentes tão afastadas do resto do mundo. De mim, queria saber se haveria algum meio de fechar e punir os transgressores, aqueles irresponsáveis que aproveitando o desconfinamento do período das festas tiveram um Natal bem passado e uma passagem de ano em segredo, e que agora, ainda por cima, se recusam a ser testados como deve ser. «Dizem que vão fazer o teste à farmácia, mas desses ninguém sabe o resultado e eles lá andam, de um lado para o outro, como se nada fosse...», disse, por fim, com aquele tom de indignação de quem se sente enganado.

Também a mim o coração se me apertou, pelo que poderia estar a ser este momento, se tivéssemos cedido à ideia de internar minha avó no lar da terra. Mas sobre isto, não lhe disse nada.

Os números da covid-19
Foram registados mais 3384 novos casos de infecção pelo novo coronavírus e 73 mortes por covid-19.

4 de Janeiro de 2021

Hoje foi dia de trabalho presencial. Estranho dizê-lo dessa forma, quando há menos de um ano todos os dias eram presenciais e propormo-nos para teletrabalho era uma extravagância de ficção científica, que, na rigidez da função pública portuguesa, era pronta e definitivamente selada com o carimbo de pedido indeferido. Mas a realidade é sempre mais criativa do que a ficção e poucos meses decorridos desde o surgimento do novo vírus da China (como foi chamado pelos mais descrentes) fomos todos enviados para casa, sem bilhete de retorno, e que nos amanhássemos com o teletrabalho, telescola ou com a falta de dinheiro. Em Portugal nada disto aconteceu sem as divergências técnico-políticas a que nos foram habituando. E, em Março, quando os primeiros casos de covid-19 explodiam em toda a Europa, como uma bomba atómica à qual não era possível dar resposta, quem devia zelar pela saúde portuguesa, continuava crente de que não se justificava fechar o país, muito menos as escolas, que isso eram medidas pouco eficazes, próprias de regimes atrasados e autoritários, e ainda por cima Portugal tinha poucos casos e toda a estrutura de saúde pública estava a postos para interromper as cadeias de transmissão que por aí nos aparecessem. Mas graças a um qualquer milagre português, houve perspicácia, por parte do governo, de nesses primeiros dias da pandemia em Portugal perceber o que nos batia à porta, e contra a vontade dos ilustres membros daquele alto conselho nacional, decretar um confinamento geral. A partir daí foi tudo muito duro, todos sabemos, o desemprego e o desespero das famílias, passadas as primeiras semanas de um confinamento sem fim à vista. Mas foi isso que nos permitiu controlar, com sucesso, a primeira onda pandémica. O preço a pagar foi alto, mas não comparável ao prejuízo que teríamos se não o tivéssemos feito.

Ora fruto do nosso anterior milagre luso, dos muitos ventiladores comprados à China e do descontentamento deste povo de Camões, foi decidido, pelas mais altas figuras do estado, brindar os seus concidadãos com um Natal à moda antiga, a arrepio das recomendações técnicas e em oposição ao praticado pela maioria dos países europeus.

Lá está, medidas decididas de acordo com a melhor evidência técnica, como sempre nos anunciam nas pomposas conferências de imprensa. A ver vamos o que isto dará... e se não vai ser como aconteceu no lar da terra da minha mãe.

Mas, voltando ao meu dia de trabalho presencial, interrupção semanal da rotina caseira a que me habituei desde Março. A mim não me custa ficar a trabalhar por casa; desde sempre tenho por hábito ir adiantando tarefas ao fim-de-semana, e assim poupo o tempo de viagem e as conversas de corredor, fermento dos atritos de trabalho. Além disso, fruto da deformação profissional de quem trabalha há muitos anos na vigilância da gripe, estava mentalmente preparada para a possibilidade de algum isolamento, desde que nos chegavam as imagens do confinamento na longínqua Wuhan. Era ainda Janeiro, quando aconselhei os meus pais, a minha irmã e alguns amigos a preparem uma despensa de alimentos, medicamentos, álcool e máscaras para dois ou três meses. Àqueles que são médicos, acrescentei ainda que fossem pensando na hipótese de terem de sair de casa quando os primeiros casos chegassem.

Mudei as rotinas nos dias em que venho ao Instituto. Para começar, vou de carro sozinha, para evitar o risco do autocarro que usava nos tempos pré-pandemia. Saio de casa ainda de madrugada, para evitar os nervos, de recém-condutora citadina, por causa do trânsito à entrada de Lisboa. Na rádio ouço, muitas vezes, a *Prova Oral* na Antena 3, programa que tão pouco ouvia. À chegada ao Instituto, escapo-me para as traseiras do edifício para fumar, às escondidas, o primeiro cigarro do dia, e ter um momento só meu antes de verdadeiramente começar o dia. Por fim, pego na mochila e na carteira e entro pela portaria de serviço, pois aquela que sempre usei desde que aqui trabalho está ainda fechada àquelas horas. Hoje, ao registar-me no relógio de ponto, o visor retornou-me uma pouco simpática mensagem: «7h05; hora de entrada fora do horário normal de serviço». Nunca entendo este relógio! «Bom dia, Sr. Vítor! Está um frio lá fora que nos chega aos ossos», enquanto esfrego as mãos no álcool-gel pendurado no suporte da parede, que vi vazio durante tantos anos. «Bom dia, Doutora! Precisa da chave lá de cima?», enquanto me aponta para a testa o termómetro digital e eu ajusto a máscara cirúrgica ao nariz. «34,4ºC» vejo no visor que o Sr. Vítor me mostra. «Está mesmo frio lá fora», penso, «ao menos não tenho febre!»

Subo a escadaria para o primeiro andar, o corredor ainda num lusco--fusco sonolento e paro junto à máquina do café. Escolho o n.º 12, sem açúcar, e deito as duas moedas de vinte, que já tinha preparadas no bolso do casaco, na ranhura da maquineta. Ouço aquele barulho de moedas a rolar pela caixa abaixo, que em miúda encantava a minha irmã quando, contra as minhas advertências de irmã mais velha, se desfazia das nossas economias nas caixas de esmola do Santuário de Fátima. E lá dou mais uma esguichadela de álcool-gel nas minhas mãos geladas, como recomenda o desmaiado cartaz da DGS colado na maquineta. Um clique anuncia o fim de programa, abre-se a portinhola metálica e nada do meu café. Suspiro... antecipando a ressaca até o bar abrir às oito horas. Mas não, mais um solavanco na portinhola e lá vem o copo de papel (ecológico, como convém) com uma água acastanhada.

Chegada ao meu gabinete, onde agora trabalho sozinha, acendo as luzes e estreio o moderno aparelho de ar condicionado que hoje não me vai deixar bater os dentes, como me aconteceu quando cá estive na semana passada. Liguei o computador portátil que o Instituto me cedeu, no processo de modernização e melhoria das condições de teletrabalho e dedico a primeira hora de trabalho a enviar e responder a e-mails, que, a um ritmo jamais visto, me invadiram a caixa de correio durante as horas da madrugada.

Hoje foi o dia de arranque oficial do serológico (2.ª fase), sem festa nem ajuntamentos, mas com a chegada de novos colegas para reforçar a equipa nos próximos quatro meses. Com um número de participantes quatro vezes superior ao da primeira fase e o mesmo tempo para a sua concretização, este trabalho vai exigir de nós grande capacidade de organização, com delineamento de planos A, B e até C para o caso de alguém ficar doente ou em quarentena, ou se vier a acontecer o novo confinamento geral que se perspectiva no horizonte.

Regressei a casa ao início da noite e, já que agora não posso ler nas viagens para casa, aproveitei o tempo para fazer uns telefonemas de deitar conversa fora como diz a minha cunhada.

P.S. — Claro que me esqueci de levar o livro à Marta! Mas ao menos, alterei o toque do telemóvel ☺

Os números da covid-19
Mais 4 369 novos casos de infecção pelo novo coronavírus e 78 mortes nas últimas 24 horas.

5 de Janeiro de 2021

Cada vez me custa mais manter uma rotina saudável nos dias de trabalho em casa. Não é que não goste de trabalhar em casa, pois até gosto bastante, é a minha indisciplina para fazer algum exercício físico, tomar o pequeno-almoço e só depois começar a trabalhar. Se caio no erro de espreitar o e-mail de serviço ao acordar, ou enquanto tomo o pequeno-almoço, tudo fica fora de ordem no dia que começa. Às vezes, de tal forma, que depois de começar a trabalhar em pijama, lá salto à pressa da cadeira para me vestir e arranjar, minutos antes da primeira reunião do dia. Vale-me o ter muitas reuniões ao longo dos dias e por isso não me entretenho neste desmazelo doméstico durante demasiado tempo. É engraçada esta forma de trabalhar e entrarmos pela casa dentro dos nossos colegas. Vemos as cores das suas paredes, se têm por hábito trabalhar no quarto ou numa sala, se gostam de muita tralha (como eu) ou se são mais minimalistas, se trabalham com música ou se têm um relógio de cuco. Os momentos altos dessas reuniões, algumas bastante longas e entediantes, acontecem quando o filho de alguém salta para a frente do ecrã perguntando: «'Tás a falar com quem?» e nos lança um adeus envergonhado; ou quando algum gato mais espevitado, em voo rasante ao ecrã, aterra sobre o teclado. Ficamos a conhecer as suas famílias e alguns dos seus hábitos. E isso dá-nos uma proximidade que nunca alcançámos quando trabalhávamos oito ou mais horárias diárias no mesmo espaço físico.

Bem, mas hoje venci a preguiça de início de dia e orgulhosamente sentei-me, às oito horas, perfumada e arranjada, uma hora antes da primeira reunião da manhã. As reuniões de hoje foram todas para preparação do Serológico. Com os hospitais, a primeira, com os laboratórios, a segunda, e com os recursos humanos do Instituto a terceira. Decidimos não adiar o início do trabalho de campo; os serviços de Pediatria que vão integrar o inquérito foram ainda pouco afectados pela pandemia e os laboratórios pensam conseguir continuar a laborar em confinamento. Com a Direcção de Recursos Humanos, decidimos reforçar a equipa lançando uma candidatura interna para recrutar, de entre os profissionais do Instituto, voluntários para o projecto. Ao cabo de meia dúzia de horas, e ao contrário das minhas expectativas, tinha já uma vintena de respostas de pessoas de várias áreas oferecendo-se-me para nos ajudar no que fosse necessário. Confesso que cheguei até a ficar emocionada, dando conta de que agora trabalhamos mais e melhor em equipa, contrariando o distanciamento físico. Conseguisse eu pôr em palavras a gratidão por aqueles que têm, incansavelmente, trabalhado comigo ao longo destes meses..., mesmo sem o saberem, foram eles que muitas manhãs me fizeram sair da cama e enfrentar os dias.

Os números da covid-19
Hoje mais 4956 novos casos e 90 mortes por covid-19. Desde o início da pandemia, este foi o dia com o número de mortes mais elevado.

6 de Janeiro de 2021

Hoje foi Dia de Reis. Há muito que não ouço cantar as Janeiras, talvez desde os tempos da Guarda, em que um grupo de vizinhos se juntava e ia pelo bairro fora dar a boa nova e arrecadar uns trocos para uma noite de folia. Este ano dei por falta delas. Nem na televisão, onde às vezes passam a actuação de um grupo de cantares de visita a um lar da freguesia, as ouvi.

Neste Dia de Reis, em vez de Janeiras, ouvimos argumentos pró e contra um novo confinamento que a cada dia parece mais inevitável.

Ao fim do dia, desmanchei o presépio e a árvore de Natal, para manter a tradição e também para criar um canto na sala para as aulas de *yoga* à lareira. Desmontar os enfeites de Natal é sempre mais fácil, rápido e triste do que a sua montagem no primeiro fim-de-semana de Dezembro.

Enquanto o fazia, tão rápido como um trovão, decidi ir ver meus pais e minha avó a Melgaço. Irei na próxima semana, depois de desmarcar um ou dois compromissos que tenho em Lisboa. Não os vejo desde Agosto e não mais consigo adiar esta visita. Nem no Natal abri uma excepção, em especial depois de a minha irmã e o meu cunhado decidirem, contra o meu aconselhamento, irem lá passar quase uma semana. Que irritada fiquei nesse dia, mesmo sabendo da obsessão pelas desinfecções daqueles dois. Esses dias de Natal passaram-nos de máscaras FFP2 e as refeições, mesmo a da consoada, foram feitas em separado. Ao contrário de mim, a minha avó ficou muito contente, por ter movimento em casa, gente nova para conversar de um tempo que se fez circular, comprovando a teoria da relatividade, que, tantas e tantas vezes, ouvimos ao meu pai, nas longas conversas das tardes de domingo. Minha avó tem 99 anos, feitos em Dezembro, um dia depois do feriado da Senhora da Conceição, padroeira de Portugal, como sempre nos diz. Uns meses antes, no início do confinamento geral, numa pequena queda a abrir a gaveta da renda, fez uma fractura transtrocantérica no fémur esquerdo. Era Quinta-feira Santa, não se podia circular entre concelhos, meus pais, desorientados, sem saber como fazer para a levar ao hospital. Lá me ponho a caminho, com a maleta de médico preparada para o que desse e viesse, e uma declaração a atestar ir em auxílio inadiável daquela velhinha. Com que tristeza me meti no carro naquela manhã, o estômago num nó, os olhos cheios de lágrimas. Um pouco acima de Braga, avaria-se o carro. Que mais me esperaria?! Cheguei a Melgaço pelo jantar. Sim, era uma fractura e precisava de ser operada. Àquela hora, já não valia a pena ir a lado nenhum. Marquei uma ambulância para o dia seguinte, de manhã, e lá fomos, rumo ao Hospital Privado de Viana do Castelo, onde tudo seria mais rápido, por não ser necessário esperar pelo teste à covid-19 antes de operar. Mas afinal não..., que não estavam a operar por aqueles dias. Levei-a para o hospital público, onde a deixei sem sequer conseguir despedir-me. Assinei o termo de responsabilidade para a cirurgia, deixei a lista de medicação habitual e voltei para Melgaço na mesma ambulância. Foi operada passados três ou quatro dias, tão demorada foi a chegada do resultado negativo do teste à covid-19. Fui buscá-la no dia da alta. Por ser médica, deixaram-me entrar e ficar na enfermaria com ela toda a manhã e tarde, enquanto aguardávamos pela ambulância. Fiquei com eles até meados de Maio, para orientar a convalescença de minha avó e ajudar a amainar a ansiedade em que via os meus pais. Foram tempos duros, de medo e insegurança.

Depois tudo voltou quase ao normal. A minha avó ficou mais limitada e dependente de terceiros, mas todos os dias se levanta para se dedicar à sua renda, que, qual Penélope, desfaz de noite para recomeçar na manhã seguinte. Os meus pais estão mais serenos e têm-se aguentado nesta nova realidade de cuidadores e confinados, resistindo a mandar a avó para um lar onde nunca mais a veríamos.

Os números da covid-19
Hoje, mais 10 027 novos casos de infecção pelo novo coronavírus e 91 mortes por covid-19. Desde o início da pandemia este foi o dia com o número mais elevado de novas infecções e mortes em Portugal. E querem os negacionistas e movimentos pela verdade convencer-nos de que isto é uma invenção, fruto de falso-positivos ou uma banal constipação.

/

RAQUEL BRAGA

30 de Dezembro de 2020

Hoje, fui desafiada para fazer um diário de oito dias que reflicta o duro ano de 2020. Por coincidência, hoje talvez tenha sido o dia da minha vida em que chorei mais tempo seguido. Não sou pessoa de chorar muito, nem por muito tempo, mas desde Setembro tenho vindo a chorar mais amiúde. Fui a Fátima, a pedido da minha irmã I. Estou-lhe grata por isso e por tudo o resto que fez por mim, além de rezar, ao longo deste ano.

Não sou particularmente devota de Fátima e ao longo deste ano tive algumas crises de Fé. No entanto, posso dizer que a minha Fé globalmente aumentou e a minha oração se tornou diária, porque não havia outro remédio. É impossível não acreditar em Deus quando tudo o resto parece falhar. Fui com a minha irmã I. e com o meu marido a Fátima para ela pagar uma promessa que penso que terá feito pela minha saúde. Não o disse explicitamente, mas pareceu-me evidente. O dia estava lindo na Cova da Iria. Sol por entre nuvens luminosas ou muito escuras. Frio. Brilhante. A certa altura o céu pareceu uma representação do Espírito Santo. No Porto chovia, quando saímos.

Na Capela das Aparições e depois durante a missa na basílica, passaram-me pela mente todas as pessoas que tocaram a minha vida ao longo deste ano. Rezei incontáveis ave-marias por pessoas isoladas e por grupos de pessoas a quem quero bem ou que me fizeram bem. Penso que não esqueci ninguém, nem familiares, nem amigos próximos, nem os meus doentes, que de alguma forma me marcaram antes, ou agora, durante 2020, altura em que estive em tratamento de um cancro da mama, durante uma pandemia. Rezei por pessoas que não conheço e por massas de pessoas abstractas e concretas. Rezei também pelos que morreram este ano. Alguns de forma natural como a minha querida mãe, com muita idade, e a quem já não suportava sentir a perda de capacidades e qualidade de vida recentes, outros de forma brutal, como o F., um grande amigo dos meus filhos, de 19 anos, que morreu num acidente estúpido. Era um rapaz de ouro, uma promessa brilhante de ser humano, já concretizada. Consegui encontrar alguma forma de gratidão em tudo o que de mal me aconteceu, menos nesta perda irremediável. Pelo F., que morreu em Setembro, perto da altura em que terminei a radioterapia, só pedi aceitação e aligeiramento do calvário de todos os que gostam tanto dele, em particular os seus pais, meus amigos dos tempos da faculdade, meus doentes, que por tudo isso se tornaram ainda mais próximos, nos últimos anos.

Da minha mãe e do F. voou-me o pensamento para a Celina, falecida há dias, que apesar de idosa também ainda não devia ter partido este ano. Tentei ajudar com teleconsultas do Porto para Lisboa, onde teve de ficar, a cuidados da sua filha, minha cunhada. Dadas as suas circunstâncias de saúde, somadas ao medo vigente de recorrer aos hospitais, que aumenta as dificuldades de acessibilidade aos serviços de saúde, longe do seu local de residência habitual, não conseguiu resistir. Teve covid entre muitas infecções que se sucederam (tinha uma leucemia crónica há 17 anos, fez uma fractura do colo do fémur em Agosto e já não era nova, mas era cheia de vida... foi, talvez, uma das muitas vítimas indirectas da covid). Passei, com saudade, a pente fino o rol dos meus mortos mais antigos — a minha Mimi, que me ajudou a criar, os meus queridos tios, e por fim o meu pai, que morreu de cancro quando eu tinha 22 anos e era aluna do quinto ano do curso de Medicina. Um luto tão bem feito, do qual tanto me orgulhei toda a vida e que se reabriu em ferida na viagem de regresso do Santuário de Fátima para o Porto. Parece-me que vi a doença e morte do meu pai com outro olhar (o olhar que poderá ter sido o dele, de doente oncológico terminal no momento de diagnóstico, que não sabia o que tinha, e não o meu olhar desesperado e aflito, de filha dele, que sabia o que ia acontecer). Magoou-me pensar que possa ter achado que ele sofreu menos do que de facto possa ter sofrido. Conhecer o sofrimento por dentro, dá-nos outra visão. Mesmo para quem é médico, como eu, e trata o sofrimento por tu.

Ao longo do dia de hoje fui sabendo pelo WhatsApp, através de mensagens ou fotografias, que vários colegas médicos já tinham feito, orgulhosos, e a dar exemplo de confiança, a sua vacina contra a covid-19. Que bom saber que isto está a acontecer ainda antes do ano terminar. Eu e o meu marido tivemos covid no início de Dezembro. Parece que não seremos vacinados tão cedo. Por um lado, melhor assim... Foi uma doença ligeira a que tivemos, felizmente, mas o diagnóstico do meu marido (que é anestesista e foi o portador da doença) causou-me enorme ansiedade. Receava por ele, por ter pouco mais de 50 anos e ser hipertenso, e por mim, já na certeza de que ia contrair a infecção, acabada de sair de um ciclo de tratamentos pesados (duas cirurgias, quimioterapia e radioterapia para um cancro da mama, diagnosticado no final de Novembro de 2019).

Os meus filhos Miguel e Filipe, gémeos, de 19 anos, não tiveram covid. Testes sempre negativos. Ficaram (mais) 14 dias em isolamento profiláctico, além do tempo do *lock-down*. O que estuda Medicina fora voltou a casa no dia em que o pai iniciou os sintomas e, portanto, contactou com ele durante o jantar, embora já com certo distanciamento... não escapou a ficar isolado por pouco e por isso faltou a dois exames, o que lhe vai atrapalhar a vida académica a curto prazo... Eles e as minhas sobrinhas, filhas da minha irmã I., não quiseram ir a Fátima connosco. Não fiquei triste com isso. Foi um bonito passeio a três (eu, o meu marido e a minha irmã I.), que iniciámos com um delicioso almoço num conceituado restaurante local e depois uma caminhada de introspecção, que terminou com uma curta caminhada real, no regresso. O meu marido tirou fotografias maravilhosas, de enorme sensibilidade, que nos mostram a caminhar juntas, ou a mim sozinha em direcção à Capela das Aparições, e a regressar da missa, de mãos fortemente entrelaçadas e lágrimas a escorrer por baixo das máscaras. A minha irmã falava de gratidão por tudo ter corrido tão bem, como se estivéssemos no fim de alguma coisa... eu, embora agradecida, sei que nem tudo correu assim tão bem e estou insegura acerca do futuro. Este tratamento terminou, mas o que virá a seguir?... O meu marido esteve sempre lá, discreto e presente a registar a nossa jornada. Sensível a todos os aspectos, como se vê nas fotografias, apesar de, por vezes, parecer distraído...

Terminámos o dia com um jantar em minha casa... sandes de leitão, compradas na Mealhada, conforme é de tradição ao passar por lá... o jantar em duas mesas separadas, para distanciar as meninas de nós. Mais lágrimas durante a noite, a trocar mensagens com a mãe do F. que diz estar pior nestes dias. Como me emociona e contagia esta dor.

31 de Dezembro 2020

Depois de desmarcarmos o jantar e festa de final de ano, que deveria decorrer como no ano passado, no mesmo local com os nossos quatro amigos mais próximos, dadas as restrições impostas entretanto pelo Governo, decidimos passar o final do ano só nós os quatro, família nuclear, mas, apesar de tudo, num sítio bonito e especial. Acabar bem um ano mau!... Portanto, marcámos jantar num restaurante bastante amplo, de um hotel que abriu há pouco e que ainda não tínhamos podido experimentar. Ao longo do dia fomos percebendo que a restrição de recolher a casa até às 23h00 estava assegurada, pelo encerramento do restaurante às 22h30, que era o que mais nos preocupava ao negociarmos a hora da reserva, mas teríamos de transgredir a restrição de mudança de concelhos que, por engano e por as regras serem um bocado confusas e recentes, pensávamos que também só começava a essa hora. Vivemos mesmo junto da estrada que demarca a linha de mudança entre dois concelhos. Uma transgressão de dez ou vinte metros, mas que nos fez ficar ansiosos e tentar mudar de programa, à última hora. Depois, recordámo-nos de que ainda temos casa no outro concelho e documentos que o provam... mesmo assim, a ideia da transgressão perseguiu-nos todo o dia... Como faríamos se tivéssemos de voltar a casa, interceptados pela polícia? Que teria de mais digno no congelador para cozinhar à pressa?... Que aventura!

Tirando esta situação, o dia foi tranquilo. Revi as fotografias da passagem de ano de 2019. Troquei mensagens áudio emocionadas com a minha amiga A. que também tanto me apoiou com gestos carinhosos e optimismo durante este ano. No ano anterior, apesar de ter recebido más notícias (com grande probabilidade teria de ser operada outra vez, já que as margens cirúrgicas do tumor não estavam totalmente seguras e, contra o esperado, tinha atingimento dos gânglios axilares) estava sorridente e parecia confiante. A primeira cirurgia não me abalou quase nada. Recordo-me de que recebi, como habitualmente, duas semanas depois de ser operada, toda a minha enorme família em minha casa, no Natal (à volta de quarenta pessoas quase todas presentes em simultâneo nas três refeições da ceia e do dia de Natal).

Na passagem do ano passado, só com dois casais de amigos mais próximos, o ambiente foi de festa e até encontrámos, por coincidência, outros amigos dos tempos da faculdade, o que foi muito agradável.

Afinal, contra as baixas expectativas, esta passagem de ano foi bem bonita e afectuosa. Depois de um jantar excelente, do qual regressámos bem-dispostos, bem cedo e sem percalços, os meus familiares que vivem no mesmo prédio, no andar de cima, vieram brindar connosco à meia-noite! A alegria dos meus três sobrinhos mais pequenos acabou por ser contagiante e acabamos todos a dançar a *Jerusalema*, muito bem coordenados!

Ainda ando muito cansada. Fui-me deitar cedo, exausta. O brinde e dança foram curtos, mas muito alegres e significativos. Que bom podermos estar juntos, em família mais alargada, apesar de sermos muito menos do que é costume. Por alguns de nós já estarmos imunizados, por termos tido covid recentemente ou pela vacina, até pudemos estar mais próximos, o que já não acontecia há que tempos. Durante todo o ano, mesmo sendo vizinhos no mesmo prédio, apenas nos vimos à distância, à porta ou pela varanda. Que falta me fez abraçar os pequenotes este tempo todo. Mudaram tanto. Cresceram imenso!

Não acho que mudar o ano vá mudar grande coisa. Tudo o que se perdeu é irrecuperável... duvido que aquilo que se ganhou em recolhimento ou sabedoria perdure no tempo. A vida, se voltar ao normal, vai acabar por nos engolir de novo.

Gostaria que não me engolisse a mim, que me conseguisse manter lúcida deste lado do que, apesar do que perdi, sei que tem valor e mais interessa. Também cultivei muitas coisas novas nesta minha jornada pessoal solitária.

1 de Janeiro de 2021

Acordei tarde, mas animada, porque, em virtude das restrições de recolhimento a partir das 13h00, e impossibilidade de atravessar concelhos, decidimos fazer um *brunch*, em vez do tradicional almoço de Ano Novo, na companhia da minha irmã I. e da minha sobrinha Carolina, uma vez que vivemos todos no mesmo concelho. Cada núcleo familiar ficou numa mesa diferente, tal como aconteceu neste Natal, que passámos também juntos, com a minha irmã L., que vive sozinha. Estava tudo muito bom, muito saudável e apetitoso... nada dos exageros de doçaria e das comidas mais pesadas dos costumeiros almoços de Festas. No final do *brunch*, ainda fizemos uma curta caminhada pela marginal de Leça. Um frio de rachar à partida e um sol quentinho a bater-nos de frente no regresso... para começar o ano de forma saudável!

Continuam as trocas de mensagens de «Bom Ano» e as piadas em relação às expectativas para o novo ano. Tarde muito tranquila passada no sofá a ver séries da Netflix e a escrever...

Começo a ficar ligeiramente ansiosa, mas expectante com o meu regresso integral ao trabalho, adiado pelo meu forte mal-estar pós-radioterapia, pelo agravamento da pandemia e por fim pela minha infecção por covid, que também obrigou a adiamento da consulta de controlo no IPO.

Fazendo hoje o balanço do que fiz em 2020 e apesar de ter estado afastada formalmente da actividade clínica, continuei a fazer teleconsultas a doentes, familiares e amigos, prestei apoio clínico diário no agravamento da doença da minha mãe, fiz a minha candidatura para ascender na carreira médica, logo a seguir ao diagnóstico do cancro, e entreguei-a no dia anterior a iniciar quimioterapia, mantive os meus projectos de tese de doutoramento a andar, sempre lentamente e na medida do possível, mantive colaboração informal nas minhas actividades docentes, transformando o ensino presencial em ensino online, participei como moderadora, júri, ou congressista em diversos congressos e formações online... Li imenso, vi alguns bons filmes e muitas séries... e pensei... fiz ioga com a Adriene, pelo Youtube... estive muito quieta no meu canto para me defender de todos os males... fui doente a tempo inteiro, num sistema de saúde caótico e estranho a si próprio... sofri imensas desilusões com adiamentos, intercorrências, falhas de comunicação, atrasos, restrições no IPO. Não tinha esta má ideia do IPO. Corria sempre tudo muito bem quando referenciava doentes meus para lá. Tudo começou logo à entrada, quando, no início de Dezembro de 2019, me aconselharam a ser operada particularmente, uma vez que a minha cirurgia, devido a atrasos nas listas de espera, seria agendada com um mês de atraso... afinal, concretamente, teria sido com três meses de atraso, se não tivesse optado por ser operada num estabelecimento de saúde privado, logo a seguir a esta primeira consulta no IPO. E como tudo se complicou em relação ao prognóstico inicial, tudo se atrasou... consultas de grupo (sem a minha presença, ao contrário do meu pedido), (in)decisão em relação à segunda cirurgia, repetição de exames feitos no exterior, demoras na repetição de contra-exames, demoras na tomada de decisões em novas consultas de grupo, pela segunda vez estava na zona cinzenta, e por fim, a indicação de que teria de fazer também quimioterapia, além da radioterapia e hormonoterapia, já previstas desde o inicio. Demora no início da quimioterapia... e logo a seguir ao segundo ciclo foi decretada a pandemia e tudo mudou ainda mais de figura. Passei a ser uma doente de altíssimo risco, a viver numa casa com um médico, ainda por cima anestesista, portanto, muito sujeito a contrair covid por trabalhar estreitamente com a via aérea, entubando diariamente doentes, e dois estudantes universitários, um deles acabado de sair de casa para iniciar o seu curso de Medicina longe. Decidi, depois de muito reflectir que, tomadas todas as precauções (como ficar mais isolada e sozinha no meu quarto e restringir ao máximo todos os contactos), não nos iríamos nunca separar, a não ser se estritamente necessário. Comecei a antecipar com ansiedade todos os possíveis problemas e possíveis soluções. Mas foi a melhor decisão... termos continuado juntos nesta grande aventura, em que tanto ainda viria a acontecer.

Foi bom o aconchego permanente e diário dos meus rapazes. Apesar de a proximidade nem sempre propiciar o entendimento, globalmente potenciou os afectos e prazer da boa companhia.

2 de Janeiro de 2021

Hoje recebemos em casa os nossos amigos Manel, Mariana e a filha Carminho, que faz amanhã 21 anos. Eles emigraram há nove anos para a Bélgica porque, mesmo tendo diferenciação académica, não conseguiam arranjar um emprego à altura cá. Nessa época atravessávamos a crise económica. Primeiro foi a Mariana trabalhar para uma agência de investigação, substituir, por seis meses, uma investigadora em licença de maternidade. Custou-lhe muito ficar longe da Carminho (ainda novinha) e do Manel. Este, entretanto, arranjou um bom emprego, como director de uma empresa conceituada cá em Portugal, mas, dois ou três anos depois de a Mariana ter aceitado o convite para ficar definitivamente com o lugar e ter levado a filha para viver com ela, o Manel acabou por se demitir e ir também viver com as duas, em Bruxelas. A Carminho fez lá o ensino secundário, num colégio internacional. O Manel recomeçou do zero e também se saiu bem. A Carminho queria voltar a Portugal quando entrou na faculdade, mas não conseguiu colocação devido às diferenças de programa e dificuldades na candidatura. Acabou por ficar a estudar numa boa universidade, situada a uma hora de Bruxelas, no curso que preferia. A Mariana ficou muito triste por ela não ter entrado numa universidade portuguesa, porque pensa que, assim sendo, a Carminho nunca mais voltará a viver em Portugal. Talvez tenha razão, apesar da forte ligação que mantêm com a família e amigos, e o esforço que fazem para estar sempre presentes nas datas importantes. Por exemplo, a Carminho veio de propósito a Portugal para festa de 18 anos dos meus filhos gémeos e a Mariana e o Manel também fizeram questão de estar presentes na comemoração do nosso 25.º aniversário de casamento, que ocorreu em final de Julho de 2020. Tínhamos planeado fazer uma festa bonita e informal, um *sunset* seguido de jantar, num bar de praia, e convidar mais de cem pessoas, entre os nossos familiares e amigos mais próximos. Já estava tudo pré-reservado, desde Janeiro, o padre que nos casou e que é muito nosso amigo tinha prometido vir de Itália, onde vive desde há seis anos, para celebrar uma missa comemorativa da data... tínhamos também sonhado fazer uma grande viagem com os nossos filhos (uma viagem intercontinental ou um cruzeiro)... ficou quase tudo sem efeito, não só devido aos meus tratamentos, mas, sobretudo, devido à pandemia. Ainda foi possível celebrar a missa na mesma igreja onde nos casámos há 25 anos (o padre B. persistiu estoicamente na carinhosa ideia de vir de Itália, nem que fosse para celebrar uma missa em nossa casa, mesmo que, devido às restrições fôssemos apenas só nós os cinco presentes...). No entanto, as medidas do estado de emergência já tinham abrandado um pouco em Julho, e assim se fez uma bela, embora curta, celebração, seguida de um original beberete, no final, à porta da Igreja, com garrafinhas miniatura de vinho do Porto de Sabrosa (terra do meu sogro), personalizadas com uma fotografia nossa, e jesuítas da confeitaria Moura, em formato de coração, devidamente embalados e distribuídos pelos meus filhos e sobrinhas. Devido aos atrasos nas marcações das sessões de quimioterapia e devido a intercorrências que tive, causadas por efeitos secundários dos fármacos, contra o previsto, ainda viria a fazer a última sessão de quimioterapia dias depois desta comemoração. Conforme possível na altura, fizemos um jantar para apenas 10 pessoas, com final às 23h00 e a Mariana e o Manel substituíram os padrinhos do noivo, que não puderam estar presentes. Na missa contámos com menos pessoas do que o previsto se não houvesse restrições e se se concretizasse a festa originalmente prevista, por ser um dia de semana e altura de férias. No entanto, o ambiente foi muito agradável e festivo e mesmo com máscaras, álcool gel e distanciamento tivemos um pequeno interregno festivo e um reencontro quase improvisado, numa altura em que a nossa vida social era um verdadeiro deserto.

A minha irmã M. T. ofereceu-me um álbum com as fotografias da entrada e saída da Igreja, passando também pela cerimónia. Nas fotografias eu apareço muito feliz e sorridente, muito mais descontraída do que no dia do meu casamento, a desfrutar com serenidade de toda a improvável celebração. Os efeitos devastadores da quimioterapia estavam bem escondidos debaixo da maquilhagem, da micropigmentação das sobrancelhas, com reforço de tatuagem provisória, que pacientemente fazia a cada três dias, das pestanas postiças, da cabeleira enfeitada com um significativo broche da minha bisavó, que usei para prender o véu, no dia do casamento, (oferecido na véspera pela minha irmã L. para usar de novo, neste dia especial). Penso que o enorme sorriso que me acompanhou ao longo desse inesquecível final de tarde, também contribuiu para minorar os estragos.

O ambicionado cruzeiro nas Caraíbas transformou-se num curto cruzeiro de um dia no Douro, incluído numa agradável estadia de três dias, atribulada pelas desmarcações e remarcações constantes dos tratamentos que tardavam em findar. Foi um cruzeiro lindo! O Alto Douro vinhateiro estava maravilhoso e intocado por meses de confinamento, em que a mão do homem não o atingiu e o deixou voltar às origens. O rio só para nós... o turismo atravessava uma crise enorme, nessa altura... Não se podia viajar. Jamais veremos esta paisagem abençoada, com tamanho esplendor e num dia tão glorioso a prazeroso como esse.

Todas estas memórias da comemoração do nosso 25.º aniversário de casamento vieram com a visita da Mariana e do Manel porque foi essa a última vez que estivemos juntos. Na Bélgica, desde Outubro, as medidas de confinamento são muito mais restritivas, neste momento. Lojas fechadas, só uma pessoa pode visitar casa alheia de cada vez, os vizinhos denunciam à polícia se vêem casos de incumprimento através das janelas...

O *brunch*, cuidadosamente preparado por nós, decorreu de novo em duas mesas, com o devido distanciamento e estava muito bom... continuámos a conversar mais um bocado, de tal maneira que os convidados se atrasaram na restrição de não circulação após as 13h00... e saíram de nossa casa um pouco depois...

3 de Janeiro de 2021

Hoje foi o segundo dia em que se constatou um maior aumento do número de infectados e já é certo que a variante de covid do Reino Unido chegou a Portugal continental.

Desde ontem ao final da tarde que estou a retomar as minhas actividades académicas (como aluna e docente) e a compreender que, apesar das restrições devidas ao agravamento da pandemia, os festejos possíveis têm sido absorventes e já estou um pouco atrasada em relação aos meus compromissos nomeadamente num, mais premente, de colaboração num estudo multicêntrico acerca de covid que temos em curso na faculdade e que ganhou uma bolsa de investigação de uma associação europeia de investigação de medicina geral e familiar.

Os rapazes também têm tido alguma dificuldade em se concentrarem nos estudos e têm exames já esta semana. Tal como há um ano, por esta altura, o meu filho Filipe revelou desmotivação com a faculdade e com o modo como as aulas decorrem. Nessa altura, as aulas ainda decorriam normalmente, mas ele denunciava algumas dificuldades de adaptação ao modo de funcionamento e exigência da faculdade. No entanto, andou sempre muito entusiasmado com a sua participação, em simultâneo, numa empresa júnior da Faculdade de Economia, para a qual foi recrutado e onde tem feito um bom trabalho.

A Faculdade de Engenharia tardou a converter-se ao ensino não presencial e então pude constatar que, de facto, as aulas online eram aborrecidas e, na generalidade, sem qualquer estratégia pedagógica motivadora.

Por sua vez, o Miguel, colocado no curso de Medicina longe de casa, também estava com algumas dificuldades de adaptação, não só relacionadas com o tipo de ensino, como também por ter de viver sozinho e ser autónomo. Estar longe dos seus queridos amigos do Porto, dos pais e sobretudo do irmão gémeo não foi nada fácil de aceitar... No final de cada fim-de-semana passado em casa o retorno à faculdade era sempre penoso. Também muito difícil para mim, preocupada com os perigos das viagens e com o facto de o sentir bastante isolado e sem vontade de fazer novos amigos. Penso que não tinha vontade de se integrar, uma vez que tinha intenção de repetir os exames nacionais de 12.º ano e tentar, de novo, colocação no Porto, ainda que tivesse de perder um ano. Por fim, em final de Fevereiro, foi com um grupo de colegas passar uns dias no Sul, em casa de uma amiga. Senti que foi o grande passo de integração. Na segunda-feira a seguir ao domingo em que chegou desse passeio encerraram as faculdades de Medicina de todo o país e ele regressou a casa, no Porto, não imaginando que já não iria lá voltar a não ser em Setembro do ano lectivo seguinte... Suponho que deixou comida no frigorífico e a cama por fazer... No dia seguinte, ou dois dias depois, já cá em casa, começava a ter aulas online e tudo decorreu numa certa normalidade, onde «só» faltava a presença física, porque tudo o demais, como as avaliações, foram adaptadas para serem feitas neste formato.

No ano de 2020 as médias de acesso ao ensino superior subiram muito e, apesar de ter melhorado a sua classificação, o Miguel não obteve a ansiada colocação no Porto.

Este ano, já me parece completamente adaptado, relaciona-se com um grupo de amigos da forma intensa que lhe é natural e, se não fosse pelo imenso choque e desgosto que a morte do seu amigo F. lhe provocou, poderia dizer que as coisas lhe correm bem. Ele também está com grandes

Quarenta mil empresas em crise já pediram apoios a fundo perdido

03/01/2021

dificuldades em fazer este luto. Emagreceu imenso. É compreensível. Além de serem colegas de colégio desde o quinto ano, tinham feito muitos projectos de solidariedade juntos, dois Caminhos de Santiago e duas peregrinações a Taizé, além de viagens e férias passadas em grupo na mesma casa, festas, cumplicidades relativas à mesma orientação vocacional... O F. morreu no fim-de-semana que antecedeu o início do segundo ano lectivo do Miguel, num acidente numa casa onde passava o fim-de-semana em grupo, por ter feito um corte que provocou uma grande hemorragia, consequente a um embate contra uma porta de vidro... Irremediável. Também era estudante de Medicina. Se pudéssemos suspender os segundos ou minutos que o levaram a embater na porta e a esvair-se em sangue, a imagem de 2020 poderia ser suportável. Apesar de tudo o resto. O resto também foi muito para nós.

4 de Janeiro de 2021

Hoje a minha mãe faria 94 anos, se fosse viva. Morreu em Junho de 2020. Nessa altura, fui eu que tive de pedir para adiar o meu ciclo de quimioterapia que coincidiu com o dia do seu funeral. Hoje combinámos ir lanchar fora, em sua honra, e marcar uma missa comemorativa do seu aniversário. Só foram oito pessoas — quatro filhas, um genro e três netos, que estão no Porto, disponíveis a essa hora. A minha mãe não dispensaria ir lanchar fora, como fazia quase sempre que encontrava um pretexto, e ser ela a pagar, puxando incansavelmente do seu porta-moedas, sempre recheado e pronto para proporcionar estes mimos à família e amigos. O lanche foi agradável, mas desagregado e com um toque saudosista da sua presença. Conversas quase gritadas por trás da máscara, entre mesas distantes. Os convivas desencontrados nas horas, já que cada um foi chegando quando pôde. Estava muito frio, mesmo dentro da confeitaria. Afinal, foi a minha irmã mais velha que pagou o lanche. O dinheiro não saiu virtualmente do porta-moedas da mãe, que ainda mantemos na sua carteira, em sua casa e ao qual ainda recorremos para guardar o dinheiro para a gestão das pequenas despesas da casa materna. Era a minha irmã mais velha que costumava fazer um almoço de aniversário, nos últimos anos... Em 2020 ainda fizemos uma bela comemoração e as fotografias mostram a minha mãe muito bem arranjada e sorridente. Já só se deslocava em cadeira de rodas ou amparada, para ir a pé à casa de banho ou do cadeirão para a mesa.

Nos dias bons, conseguia subir escadas, com bastante esforço dela e de quem a ajudava. Normalmente, era eu que me aventurava a essa proeza, para lhe proporcionar a sempre ansiada ida ao andar de cima, onde sempre se deslocava mais antes de ter tido o AVC. Antes deste, para comemorarmos o seu aniversário, como a fechar a época das festas, fazíamos programas mais alargados, porque a minha mãe era uma matriarca considerada e por todos querida, uma Senhora, impressionante na sua capacidade de cativar as pessoas e de as manter em seu redor, desdobrando-se desde sempre em atenções e prendinhas muito apreciadas, em refeições sempre elásticas para quem quisesse vir almoçar ou jantar a sua casa, em pequenos-almoços levados à cama a quem quisesse lá passar a noite e em lanches sempre saborosos que saíam, em parte, de latas guardadas dentro dos armários, sempre preparada que estava para a eventualidade de uma enchente de convivas. Teve sete filhos, oito netos e cinco bisnetos e soube envelhecer com sabedoria e doçura. O meu pai morreu após 46 anos de casados, quando ela tinha 65 anos. Depois de uma grave e longa depressão consequente à sua morte, a minha mãe aprendeu a viver de outra maneira, com mais autonomia e poder de decisão, foi arrastada por mim, à força, como forma de terapia, para uma Universidade Sénior. No final, acabou por ser, ao fim de muitos anos lectivos de sucessos e prémios literários, a aluna mais idosa e muito estimada por professores e colegas. Recomeçou a ir ao cinema com regularidade, a ler muito, a viajar e passar férias com os filhos e netos... Com o passar do tempo, tornou-se cada vez menos rígida na forma de estar, que sempre foi muito exigente, tornou-se mais doce e com uma capacidade de entender os aspectos da modernidade e das alterações socioculturais que envergonhava qualquer jovem, mesmo dos menos moralistas. Era uma grande companheira de viagens, sempre pacificadora e resiliente, aceitava almoçar ou jantar fora de horas, improvisar alternativas, programas ou alojamentos, sempre que necessário, experimentar e apreciar de tudo um pouco. Não tinha tiques de velhota rabugenta, nem faltas de decoro próprias do avançar da idade. Cultivava muito a boa-disposição, apesar da sua personalidade neuro-depressiva. Estava sempre elegante e bem arranjada, característica que foi muito gabada, mesmo quando esteve internada e ainda no domínio das suas faculdades mentais. Mantinha uma enorme curiosidade e interesse em conhecer o mundo e em desfrutar da animação, dos lugares e das pessoas bonitas. Tinha uma grande inteligência emocional, à qual acrescentou, com o envelhecimento, maior capacidade de aceitar as diferenças, mesmo contra as convenções e os preceitos judaico-cristãos, nos quais cresceu e a todos nos criou. Tudo isso manteve a família coesa, os netos cúmplices e próximos, os bisnetos afectuosos, e muitos amigos fiéis e assíduos, em nosso redor. Exactamente há dois anos, pela altura do seu 92.º aniversário, quando ainda era autónoma, teve um AVC que a deixou totalmente dependente. Houve que fazer obras na casa banho, mudar de quarto para o piso térreo, mudar a sua antiga cama para uma cama articulada, contratar fisioterapeuta e cuidadoras diurnas e nocturnas ao domicílio. Uma roda-viva de cuidados que tivemos de aprender subitamente e praticar... Desde o AVC manteve-se sempre lúcida, embora com algumas perdas da memória recente. A par disso, agravou uma insuficiência cardíaca incipiente e começou a viver num equilíbrio instável. A partir de Fevereiro de 2020 esta instabilidade começou a agravar-se e tive de começar a prestar-lhe vigilância diária e acerto apertado da medicação necessária. Com o início da pandemia SARS-CoV-2, também o seu estado de fragilidade e a possibilidade de descompensação da insuficiência cardíaca começou a ser uma realidade cada vez mais iminente, apesar do controlo médico apertado. Durante o estado de emergência, altura em que nos telejornais se viam imagens do sistema de saúde italiano e espanhol em ruptura, imagens de caixões ordenados em longas filas, que não encontravam possibilidade de funeral e enterro, de pessoas que ficavam internadas longos períodos e completamente isoladas das suas famílias... o pesadelo da sua fragilidade começou a assombrar-me constantemente.

Nesta fase, em que o meu tratamento de quimioterapia já me deixava grande cansaço, entre outras queixas físicas e emocionais debilitantes, e em que o acesso ao IPO era completamente solitário e rodeado de muito controlo, comecei a dormir muito mal, não só pelos efeitos do meu tratamento, mas preocupada com o espectro do que seria ter de chamar o INEM para acudir à minha mãe a meio da noite ou do dia, caso descompensasse. Eles viriam fardados como astronautas, com receio de tocar nos pacientes, e teriam de a transportar para o hospital, onde ficaria isolada, sem visitas ou possibilidade de contacto e em risco de ser contagiada por covid. Como é que a minha mãe iria lidar com tudo isto, tão frágil e sozinha?

Ouvia ou lia nos grupos de médicos, nas redes sociais, os relatos de colegas que trabalhavam na linha da frente e que eram pungentes. Como a medicina se tinha tornado tão impessoal nos hospitais e centros de saúde, como os médicos e enfermeiros do INEM acudiam, cada vez mais, a situações no domicílio, cujo desfecho era a morte (por as pessoas terem receio de aceder ao hospital atempadamente) e de como não podiam sequer aproximar-se para confortar a viúva, o viúvo, a filha ou a pouca família presente em cada cenário de morte... mesmo o contacto visual era tão escasso... por vezes, os vizinhos a assistirem a estas tragédias de longe, sem se poderem aproximar, escondidos por trás de panos, a tapar a cara... Medo, muito medo por todo o lado. Ainda escasseavam as máscaras, que eram reservadas para os profissionais de saúde, e a DGS não as recomendava para uso na comunidade. Ouvia descrições de casos de covid a evoluir em horas ou até minutos para um desfecho fatal. Pessoas, sobretudo idosos, com doenças crónicas outrora com tratamento bem-sucedido no serviço de urgência durante as agudizações, a morrerem por medo de acederem aos cuidados de saúde.

Recordo-me de que houve um dia em que cheguei ao meu limite e chorei convulsivamente a situação da minha mãe e do que previa que seria o seu caminho, assim tão idosa e com prognóstico de doença muito mau, através dos serviços de saúde. Previ um funeral sem velório, como acontecia na altura. Imaginei que não teria ninguém presente para a homenagear. Que não nos poderíamos consolar uns aos outros pela sua morte. Não nos poderíamos abraçar. Que brutal e injusto seria um funeral assim, para uma pessoa tão agregadora e tão querida de todos.

A partir daí, a angústia cresceu sempre, ainda que começasse a construir e a acordar com os meus irmãos diversas estratégias para todas as eventualidades. Se necessário e possível, seria levada para um hospital privado. Caso a situação fosse muito urgente, teria de ir para um hospital público. Com a sua médica de família, sempre dedicada e incansável, mas também receosa de contactar com ela no domicílio, por estar exposta a casos de covid diariamente, fomos remediando tudo o que podíamos... Por vezes, eu, com um medo aterrador de sair de casa, porque o meu risco, dado o meu estado de imunodepressão, era enorme, fui auscultá-la e avaliá-la a casa. Além do mais, tinha muitas saudades dela e sabia que não a teria por muito tempo. Tudo isto aumentava ainda mais a minha ambivalência em ir vê-la, nesta fase. Culpa por ir e por não ir... No entanto, mantinha «cuidados intensivos ao domicílio», ensinando as cuidadoras e demais família a medir as tensões arteriais e a frequência cardíaca, a horas marcadas, quando surgiam certos sintomas, a usar o oxímetro, a manejar o oxigénio, a registar tudo num caderninho, a elevar a cabeceira da cama, quando necessário, a hidratar consoante as necessidades percebidas e nunca a mais, a elevar os membros devido aos edemas, a tentar distinguir o que era a sua ansiedade (já antiga e cada vez mais que justificada) da sua verdadeira falta de ar, etc., etc.

Sempre que o telefone tocava, receava uma má noticia... se a chamada vinha das cuidadoras ou das minhas irmãs, o estado de ansiedade subia, mas muitas vezes era só para fazerem o relatório e descansar-me, ou para eu indicar que fizessem alguma intervenção, possível de recomendar, mesmo à distância...

Nesta fase, as cuidadoras eram transportadas de carro pelas minhas irmãs, para não circularem em transportes públicos e não se exporem a mais riscos de contágio do que os estritamente necessários. Elaborámos uma declaração a comprovar a necessidade de cuidados a pessoa idosa no domicílio. Toda a gente (a menos possível, mas ainda assim alguma) circulava de máscara em redor da minha mãe. Ela ouvia as notícias na televisão e compreendia o que se estava a passar. Nunca mostrou grande receio, mas sim impaciência, contrariedade e tristeza, por não poder sair e ir lanchar fora, como fazia ainda em Fevereiro de 2020, e sobretudo por não estar com os filhos, netos e bisnetos livremente. Por mais que lhe explicassem, era penoso compreender.

Em Abril, a minha mãe teve de ser internada num hospital privado, devido a uma situação grave, mas não aguda. Diligenciámos fazer o teste covid no domicílio, tendo tido de esperar três dias pelo resultado, em casa, para evitar permanecer na urgência à espera do resultado do teste, que lhe fariam à entrada. Mesmo assim, quando deu entrada no hospital, já com o resultado do teste negativo, feito com este propósito, não permaneceu na urgência, mas foi internada na mesma num piso dedicado à covid, à espera de resultado de um segundo teste que lhe quiseram colher, à entrada do hospital. Quando já tinha sido transferida para um piso «não covid» e estava a começar a ficar estabilizada dos seus problemas, contraiu uma infecção hospitalar que a deixou às portas da morte. Foi só então, *in extremis*, que consentiram a visita de um familiar durante três dias. Com o estímulo destas visitas, que espantaram os médicos e enfermeiros que a elas assistiram, pois só então compreenderam que a minha mãe afinal estava lúcida e comunicante (!), e com os cuidados médicos bem-sucedidos, começou a melhorar. Logo que foi considerado que estava fora de perigo de vida, as preciosas, estimulantes e reconfortantes visitas foram de novo cortadas.

Um problema gravíssimo que ocorreu com todos os internados e idosos em lares e para o qual as soluções de humanização dos serviços tardam ainda hoje, durante a segunda vaga, a chegar.

Durante os internamentos eu fui sempre o elo de ligação. A comunicação era difícil, embora a informação, quando me era transmitida, fosse completa e detalhada e os cuidados bem adequados e discutidos, promovendo uma decisão partilhada relativamente ao alcance e interesse das intervenções. Apenas permitiam um contacto telefónico com o médico de serviço por dia. Este, por vezes, só acontecia ao final da tarde, quando o médico tinha tempo ou se disponibilizava e ligava... era desesperante. Até lá, a família não sabia se a pessoa internada era viva ou morta... Eu sofria e tinha de gerir a pressão constante dos meus irmãos que me endereçavam, através de mensagens privadas ou nos grupos da família e de telefonemas, parte da raiva pela situação clínica não evoluir bem e pela dificuldade de comunicar com os meus colegas. Ainda assim, tivemos a sorte de eu ter uma colega de curso e amiga a quem expus inicialmente o caso e que no momento necessário internou a minha mãe e a acompanhou, e que nos dias em que estava de serviço me dava notícias mais amiúde e inclusive fazia videochamadas através do seu telefone. No entanto, estas quase sempre eram malsucedidas, ora porque a minha mãe estava a dormir, ora agitada, ora prostrada, ora ouvia mal... No entanto, foi uma grande ajuda e um grande conforto, que, infelizmente, não foram possíveis a todos, nas mesmas circunstâncias.

Posteriormente à alta deste internamento, o seu estado foi-se deteriorando, ficando cada vez mais dependente, menos conversadora e com períodos de agitação. Teve de ser internada num hospital público por três vezes, de urgência, por sintomas cardíacos após chamada do INEM. A comunicação com o hospital público era também difícil, mas neste caso, os enfermeiros forneciam algumas informações básicas e no contacto com os médicos havia sempre grande qualidade na transmissão da informação, e na discussão dos cuidados a ter em cada intercorrência.

Hoje percorri mentalmente este penoso caminho, de lidar como filha de uma grande idosa doente, em pleno estado de emergência. Foi possível que a minha mãe morresse em casa, por termos criado todos os apoios e condições para tal e por eu ter alguma formação em cuidados paliativos. Em meados de Junho, quando a minha mãe morreu, a primeira vaga da pandemia estava em fase descendente e as medidas já não eram tão restritivas. Foram dois dias de agonia, durante um fim-de-semana inteiro, mas a minha mãe teve todos os filhos e netos presentes, junto dela. Não estava consciente, mas gosto de pensar que poderia sentir-nos e sentir-se segura e confortada por estar na sua cama, e rodeada de todos os seus. Foi uma morte à moda antiga, que me encheu de consolo, apesar do sofrimento, uma vez que um dos meus piores pesadelos era que morresse sozinha num hospital. O funeral teve um curto, mas reconfortante velório e muitas pessoas queridas fizeram-se presentes, apesar de tudo. A minha mãe teve uma vida longa e muito profícua. Deu e recebeu muito amor. Nos últimos tempos já não era bem a mesma pessoa, e a dignidade estava a perder-se. Não me custou a aceitar a sua morte. O pior foi o caminho até ela.

5 de Janeiro de 2021

A segunda vaga da pandemia está ao rubro. Os efeitos do Natal fazem-se sentir e aumenta o número de infectados, internados e mortos por covid.

Hoje fui à Associação Mama Help, onde sou cliente desde o início deste processo, para aprender a lidar com uma cabeleira sintética que lá comprei há dias, uma vez que já não suportava o peso e calor da cabeleira natural colada à cabeça com que iniciei o processo de quimioterapia, logo no dia em rapei o cabelo.

Na Associação Mama Help encontrei pessoas maravilhosas, que me tornaram este caminho mais suave. Foi o caso das secretárias, Manuela e Olívia, sempre tão delicadas e afectuosas, da Sameiro que ajuda, com muita sensibilidade e profissionalismo, nos cuidados a ter com as alterações da imagem, e da Filipa que me fez fisioterapia e muito mais, depois da segunda cirurgia, e depois da radioterapia. Têm sempre palavras de esperança e de compreensão. Foram muito cuidadosas ao longo deste percurso. A Associação Mama Help adoptou logo desde o início da pandemia SARS-CoV-2 medidas de contenção de possíveis contágios muito eficazes e também minorou ao máximo a possibilidade de contactos presenciais, dando o apoio possível de outras formas. Sempre que lá tinha de ir por algum motivo, apesar dos receios, sentia-me bastante segura.

Já no meu percurso no IPO, apesar de também ter encontrado pessoas muito queridas, algumas delas até colegas meus conhecidos, o caminho foi sempre mais difícil, penoso, complicado, burocratizado, lento, cheio de adiamentos, desmarcações, remarcações, consultas presenciais ou telefónicas não efectuadas, compassos de espera. Inicialmente, depois do atraso de três meses previsto para a data da cirurgia, que afinal tive de fazer na privada, entre cada exame e consulta mediava sempre um espaço de quinze dias (porquê sempre quinze dias?)... Para iniciar quimioterapia, mesmo com alguma pressão da minha médica, ainda tardaria mais três semanas, quando já se tinham esgotado os prazos considerados clinicamente aceitáveis. Um dia, por acaso, encontrei na sala de espera um amigo enfermeiro, que tinha pertencido à equipa formativa do curso de cuidados paliativos que fiz no IPO durante o meu internato e que, entretanto, se tinha tornado meu doente. Foi ele o meu anjo da guarda, que me ajudava, sempre que necessário comunicar, conseguindo antecipar datas de tratamentos adiados ou sem marcação, ou mesmo indo-me dar uma breve palavra de conforto e fazer um bocadinho de companhia durante os tratamentos, que passaram a ser solitários. Na fase de estado de emergência deixaram de ser admitidos acompanhantes e visitas no IPO, a não ser em caso de grande debilidade dos doentes, deixaram de poder estar presentes os voluntários, que tanto pareciam ajudar em diversas situações; fecharam os bares. O acesso a consultas e tratamentos sofria um escrutínio apertado, obedecendo a regras de inquérito epidemiológico, na véspera, por telefone, e no dia, à entrada. Por fim, já algum tempo depois de sair a norma da DGS, e já quando a curva epidemiológica da primeira vaga se encontrava em fase descendente, iniciaram o teste de covid a todos os doentes que acediam a tratamentos.

Desta forma, ao fim de algumas complicações decorrentes de efeitos laterais dos tratamentos, atrasos em exames, dificuldades de comunicação, muitos testes de covid, acabei por terminar a quimioterapia quase dois meses após a data prevista inicialmente, poucos dias antes de fazer 50 anos. Mais uma celebração importante, assinalada de forma mais singela, mas ainda assim afectuosa e bem-disposta, num restaurante muito bonito, no Algarve, com mesas ao ar livre, onde adorava levar todos os anos a minha mãe, durante as suas férias connosco...

Fazendo o balanço geral, penso que o tratamento foi globalmente bem orientado e clinicamente correu tudo segundo padrões de boa qualidade. O mais difícil foi ter de lutar contra o sistema e sentir-me vítima de falhas de comunicação e de areias na engrenagem, numa altura em que me sentia demasiado debilitada por tudo o resto... a minha doença, a doença da minha mãe e o receio enorme de contrair covid durante essa fase mais vulnerável da quimioterapia.

O mesmo não poderão dizer outras pessoas que tiveram diagnósticos oncológicos aquando das cirurgias se encontravam suspensas devido à pandemia, e se teve de inovar na sequência dos tratamentos. Aqueles que ficaram com os seus rastreios atrasados, com exames adiados e os diagnósticos não foram feitos atempadamente. Os doentes crónicos, que, não tendo a assistência habitual nos cuidados de saúde primários, tão eficazes em Portugal, tiveram de ser internados... todas as crianças que nasceram sem a presença dos pais e estiveram afastadas dos avós, etc.

6 de Janeiro de 2021

Hoje o meu filho Miguel tem de voltar para faculdade, uma vez que vai ter de fazer um dos exames que foi adiado, devido ao isolamento profiláctico que teve de cumprir pela nossa infecção por covid, em início de Dezembro. Como a viagem de autocarro é demorada e há perigo de contágio quis ser eu levá-lo desta vez. Também queria confirmar se este ano está bem instalado, se tem as coisas bem organizadas na casa e no quarto... Parece-me sempre que não vai fazer compras de comida diversificada e que por vezes salta refeições. Emagreceu imenso depois da morte do seu amigo F. e isso preocupa-me muito, claro, embora pense que ele está um pouco mais conformado. Quando está lá, deve ficar mais isolado, apesar de os novos colegas já se terem transformado em amigos e lhe terem feito uma carinhosa marcação cerrada para o distrair e ajudar.

Convidei a minha sobrinha Carolina para vir connosco, não só porque gosto muito da companhia dela, mas também porque os dois primos são unha e carne. A Carolina ainda não conhecia a casa onde o Miguel está instalado. Foi uma viagem muito agradável, pouco trânsito, dia de sol brilhante, muito frio. Eu e a Carolina fomos sempre a conversar, sobretudo acerca de novas rotinas de exercício físico e de alimentação saudável que a pandemia e a nossa saúde nos fizeram adoptar... O Miguel, no banco de trás, dormiu uma boa soneca. Sempre com os horários trocados, os meus filhos!

Como chegámos muito depois da hora do almoço, porque já partimos atrasados em relação ao previsto, acabámos por almoçar no *shopping*, onde há um hipermercado. Rapidamente, fiz umas compras de detergentes e alimentos para rechear a despensa, enquanto os dois comiam uma sobremesa na qual não quis alinhar.

Orgulhoso, o Miguel quis ir mostrar à prima pontos bonitos da parte baixa da cidade, a biblioteca, o hospital e o pólo da Faculdade de Medicina. Como é tudo muito pertinho fizemos esses desvios a caminho do nosso destino. Afinal, ao chegarmos à casa onde está instalado, desde o ano lectivo passado, tal como o Miguel me dizia e eu teimava em desconfiar, o quarto dele estava muito bem arrumado e limpo, e a cama bem feita. Senti que estava bem acomodado e confortável. Trouxemos os sacos térmicos e *tupperwares* que acumulou lá durante os últimos tempos, garantimos que o congelador ficava cheio com as refeições que lhe vou preparando e congelando para usar, para quando não queira ou não tenha tempo de cozinhar e deixámos roupa de cama mais quentinha, guardada à mão de semear, para ele enfrentar o Inverno. Como sempre, na despedida, ficou muito triste, não queria que fôssemos embora e o deixássemos sozinho naquela terra distante e silenciosa.

No caminho de regresso eu e a Carolina, que acabou de ser aceite na Ordem dos Psicólogos, viemos a falar dos comportamentos de risco dos jovens, actualmente, e da sua relação tão naturalizada com as drogas ditas leves e com o álcool, dos perigos reais em que se metem por terem esta consciência generalizada de que as drogas consideradas leves e o álcool não fazem mal. Fomos falando de casos reais e comparando com exemplos da nossa vivência desta idade, a minha separada da dela por mais de vinte anos, a dela separada da dos meus filhos por seis anos de diferença.

Falámos também das alterações que os mais jovens têm de enfrentar com o formato de ensino misto, online e presencial, que parece não favorecer a aprendizagem e o entabular de relações interpares e entre alunos e professores satisfatórias...

É o segundo ano lectivo em que estes jovens vão encarar uma realidade completamente diferente da habitual, e a falta de festas, convívios, etc. deve estar a provocar efeitos no seu desenvolvimento afectivo e na sua saúde mental...

Veremos como continua 2021, mas para já nada de relevante mudou e só se fala da necessidade de apertar as medidas de restrição para conter a pandemia. O sistema de saúde português está muito perto do limite.

Hoje já não me sinto tão cansada como me senti de novo depois da covid. Já retomei as caminhadas e as minhas sessões de ioga caseiras com o Youtube. Depois de terminar a radioterapia tive um duro período de cansaço e desânimo. Atravessei este tratamento, durante o mês de Agosto e o início de Setembro, de canadianas, após ter feito entorse com fractura no pé esquerdo. Não sendo grave, dificultou as minhas movimentações diárias ao IPO e impossibilitou-me de manter uma actividade física satisfatória, que é uma das medidas mais eficazes para minorar o cansaço desencadeado por estes tratamentos. Todo este percurso foi um caminho cheio de avanços e retrocessos, em que, por diversas razões (confinamento durante a quimioterapia, fractura do pé durante a radioterapia e posteriormente a covid), a minha forma física não pôde ser cultivada como seria desejável, o que certamente não contribuiu para que recuperasse mais rapidamente.

O lema durante a primeira vaga era «Vai Ficar Tudo Bem». No entanto, nem tudo ficou bem, como sabemos e sabíamos. Muitas pessoas ficaram irremediavelmente perdidas ou marcadas por tudo o que aconteceu este ano. Alguns aspectos foram positivos e poderão deixar frutos, mas a perda de vidas, de saúde, e as perdas económicas e emocionais vão demorar muito tempo a ser ultrapassadas. Este ano mostrou-me uma coisa — a vida não é uma linha recta, mas sim um percurso feito de ciclos e remoinhos. Penso que aceitar isso pode ser meio caminho andado para não ficarmos atordoados com tanto o que de inesperado nos pode acontecer.

Invasão do Congresso: Estados Unidos assistiram a um "assalto sem precedentes" à sua democracia

07/01/2021

O princípio do pior. Morreram quase tantas pessoas esta semana como em todo o Verão.

09/01/2021

Governo antecipa confinamento e só dará liberdade para votar

10/01/2021

/

HUGO OLIVEIRA

24 de Janeiro de 2021

• Quando a Joana B. me convidou para este diário de oito dias propus-lhe começar a 24 de Janeiro e acabar a 31 de Janeiro (o meu dia de aniversário).
• Sem antever, quiseram os astros que o dia 24 calhasse não só neste dia de eleições presidenciais, mas também no dia de aniversário da Joana B.
• Muitos parabéns para a Joana B., espero que a nossa democracia continue a votar na liberdade para que possamos continuar a escrever o que quisermos e quando quisermos, de todas as maneiras e feitios.
• Fui votar e ao mesmo tempo estive a reflectir sobre este compromisso em forma de diário.
• Nunca escrevi um diário. Acho que este período de reflexão sobre o que se deverá incluir neste tipo de registo é inevitável.
• Marcelo à parte, sinto-me um pouco desiludido com a realidade que levou muitos portugueses a votar nesta extrema-direita travestida.
• Sou a favor de todas as manifestações de liberdade, principalmente aquelas que exaltam a fraternidade e a igualdade.

25 de Janeiro de 2021

• Tendo em conta a limitação nas deslocações e nas relações extrafamiliares, pergunto-me se não será menos monótono registar o que me passa pela cabeça durante o dia.
• Pensando bem, mesmo que estas limitações não existissem, acho que as minhas acções/deslocações não seriam assim tão dignas de registo.
• A minha vida é tão monótona quanto isto e é mesmo assim que gosto dela.
• Hoje recebi uma mensagem via Instagram do B.: «Hoje sonhei que estávamos os dois a tentar atravessar a fronteira para o Sri Lanka e não estava nada fácil... Um abraço».
• Respondi-lhe o seguinte: «a tua sorte é k eu consigo prever o futuro e posso já adiantar-te que vamos conseguir.»
• Considero que este tipo de situações acaba por dar alguma cor àquela deliciosa monotonia.
• Enviei para a Marta T. as matrizes para serigrafar o Vol. IV do Vox Pop. Ficou mais ou menos decidido usar um azul próximo do ultramarino.

26 de Janeiro de 2021

• Hoje foi dia de ir à Matéria Prima. Apesar da triste realidade meteorológica, até soube bem sair de casa. Das coisas que caem do céu e que detesto, a chuva está seguramente no meu *top ten*.
• Tenho compromissos laborais com a Matéria Prima há já dezassete anos, mas acho que não seria um exagero chamar-lhe «compromissos afectivos».
• Todos os anos arranjo motivos diferentes para continuar aquela relação. Como seria de esperar, circulam todos à volta dos discos e dos livros.
• Vou deixar aqui registados dezoito desses discos que revisito regularmente:
Chris Watson, *Weather Report*, Touch, CD, 2003.
Lenka Clayton, *Qaeda Quality Question Quickly Quickly Quiet — George W. Bush's State of The Union Address 2002 (In Alphabetical Order)*, Accidental, 12", 2004.
Wisbey, *Dirty Fan Male*, Trunk Records, CD, 2005.
Sandro Perri, *Plays Polmo Polpo*, Constellation, 12", 2006.
Various, *Art of Field Recording: Volume I*, Dust-to-Digital, 4xCD, 2007.
Fleet Foxes, *Fleet Foxes*, Sub Pop, LP, Album + 12", EP + Gat, 2008.
Animal Hospital, *Memory*, Barge Recordings, 2LP Ltd. Ed. Numb White Vinyl, 2009.
Various, *Angola Soundtrack — The Unique Sound of Luanda 1968–1976*, Analog Africa, 2LP, 2010.
Andy Stott, *Passed Me By*, Modern Love, 2x12", 2011.
Las Malas Amistades, *Maleza*, Honest Jon's Records, 2xLP, 2012.
Blacksea Não Maya, *Piquenos DJs Do Guetto, Blacksea Não Maya / Piquenos DJs Do Guetto*, Príncipe, 12", 2013.
Moreno Veloso, *Coisa Boa*, Luaka Bop, LP, 2014.
Panda Bear, *Panda Bear Meets the Grim Reaper*, Domino, 2xLP Dlx Ltd + 12", 2015.
Lorenzo Senni, *Persona*, Warp Records, 12", 2016.
Edda dell'Orso, *Edda Dell'Orso Sings Morricone*, GDM, 2017.
Terre Thaemlitz, *Deproduction EP1*, Comatonse Recordings, 12", 2018.
Caterina Barbieri, *Ecstatic Computation*, Editions Mego, LP, 2019.
Dylan Henner, *The Invention of The Human*, AD 93, 2020.

27 de Janeiro de 2021

• Sobre a selecção de discos que fiz ontem, resta-me concluir que seria capaz de ocupar o resto da minha vida a repetir esse exercício. Discos, 12", 10", 7", 5", CD, K7, músicas, músicas com mais de dez minutos, músicas com menos de dois minutos, vozes masculinas, vozes femininas, tresmalhados, compilações, capas, contracapas, interiores, lombadas, feito em Portugal, etc. e por aí fora...
• Estou a fazer um intervalo nas pinturas do #hugoneocosmos. Tenho outros encargos laborais e enquanto vou trabalhando por cima dessa pausa aproveito para reflectir sobre o meu trabalho pessoal. É sempre uma boa oportunidade para pensar, repensar, perspectivar e reposicionar as relações entre formas, manchas, cores e linhas... tintas, papéis, telas, digital...
• Penso nas relações que tento estabelecer entre cada trabalho, nem que seja uma linha de contorno.

28 de Janeiro de 2021

• Mais um dia de Matéria Prima e de inventário.
• Estes inventários são sempre uma boa oportunidade para rever centenas de discos que, por uma razão ou por outra, teimam em ficar na loja.
• Algumas edições são sempre «dolorosas», principalmente porque os responsáveis devem carecer, em boa parte, de boas referências gráficas (não encontro outra razão). Tem vindo a melhorar. Aos poucos, os editores/músicos vão percebendo que envolver um artista visual na edição acaba sempre por compensar.
• Em Portugal, os discos dos Telectu com as capas do Palolo, os discos com as capas serigrafadas pela Oficina Arara (Porto), as capas do Márcio para a editora Príncipe (Lisboa). O que não falta por aí são bons exemplos.
• O disco da Ece *Vox Flora, Vox Fauna*, com ilustrações da Ana Torrie.

29 de Janeiro de 2021

• Hoje acordei de um daqueles sonhos pós-apocalípticos que embrulha a realidade e cancela o futuro a longo prazo. Quase de certeza que a série *Dark* deve ter alguma coisa que ver com isto.
• A série *Dark* não seria a mesma sem o compasso sonoro do Ben Frost.

• Como é que os romancistas do início do século XIX imaginavam os transportes do século XX?
• Se decidir continuar este diário até ao final do ano, qual será a melhor estratégia de forma a garantir que, todos os dias, existe pelo menos uma entrada digna de registo?
• Imagino que, para os que gostam de comer, o registo das várias experiências gastronómicas que se desenrolam ao longo do dia podem ser um bom motivo para manter um diário. Para os que gostam de dormir, se calhar nem tanto. A não ser que se lembrem nitidamente de todos os sonhos.

30 de Janeiro de 2021

• Acordei com energia e vontade suficientes para ver o que se passa com o problema de escoamento da água do lavatório da casa de banho.
• Com tempo, paciência e uma chave de fendas lá consegui tratar do assunto e fazer com que a água escorresse novamente cano abaixo com toda a sua pujança líquida. Se, de um tubo com trinta centímetros de comprimento, extraí o que não vou descrever aqui, nem quero imaginar o cenário dantesco com que se devem cruzar regularmente as brigadas camarárias responsáveis pelo bom funcionamento dos esgotos urbanos.
• Tendo em conta a consequente nojeira, resultado dessa intervenção, lá tive que limpar a casa de banho. Sempre considerei essa tarefa como uma das mais importantes do lar. Não há nada melhor do que uma casa de banho bem limpa.

31 de Janeiro de 1976

• Nasci no ano de 1976, neste mesmo dia por volta das três da tarde.
• Com todas as curvas e contracurvas que fazem parte da vida, lá tenho conseguido coleccionar boas memórias e alguns amigos.
• Aos 45 anos, posso dizer com toda a certeza que, com os amigos e a família, tudo é possível.
• Tive o dia que sempre desejei, com a única diferença de que, este ano, não fui ao cinema. Todos os anos, neste dia, vou ao cinema. Dependendo das circunstâncias, vou com amigos ou sozinho.
• Em nova conversa telefónica com a Marta T. adicionámos o dourado ao azul para imprimir o volume IV da série Vox Pop.
• Garanti a melhor companhia para celebrar este dia: o Rafa e a Joana T.

Portugal isola-se da Europa com previsão de confinamento longo

29/01/2021

Apenas 55 % responderam ao SMS para serem vacinados contra a covid

26/02/2021

Juízes querem que deputados legislem punição do enriquecimento ilícito

21/03/2021

Autotestes vão custar 10 euros e chegam às farmácias este mês

31/03/2021

PS quer lei do teletrabalho que preveja salários dependentes de objectivos

24/04/2021

Há 1500 alunos sem ir à escola há mais de um ano por causa da pandemia

28/04/2021

Menores de 60 anos que levaram AstraZeneca devem levar outra vacina

22/05/2021

EPÍLOGO

/

JOANA BERNARDO

21 de Agosto de 2021

Acordei de ressaca com o guincho da corda do estendal dos vizinhos. Continuo sem perceber porque não compram *WD40* e acabam com a desumanidade daquele som. Continuo sem perceber muita coisa.

Tinha uma mensagem do Nuno. Fiquei contente por se ter lembrado de mim, mas depois o meu cérebro atalhou pelo caminho errado e encontrou-se com outros amigos do João, que achava também meus, que se afastaram quando terminámos. Destroços inevitáveis.

Torrei pão e comi na cama a ver um episódio de um *reality show* merdoso. Levantei-me e liguei a música. Começou bem, animou-me, mas não passou muito tempo até começar a sentir-me a esmorecer.

Venci os *blues* e enviei uma mensagem em que me comprometi a tomar banho, vestir e sair de casa. Demorei, mas cumpri, e até pus *blush*. As olheiras ficam tapadas pelos óculos de sol que não pretendo tirar.

A avenida não tinha muita gente e senti-me à vontade para estar sem máscara. Cruzei-me, em apneia, com vários velhotes e questionei-me se seria sensato estarem à uma da tarde de um dia quente de Agosto a passear por ali.

Sentei-me numa esplanada do mercado de Arroios, e fui recebida com um redondo «está a ser um dia horrível». Não a contrario, concordo com tudo o que me diz: muita comida ficou estragada, houve um problema no frigorífico, o multibanco não funciona e estão só duas pessoas a servir com inúmeras encomendas para fora que nem sabem como responder. Ofereço-me para me ir embora, enquanto ela arruma a esplanada à minha volta, mas lá se arranja uma solução. Volta a montar a esplanada contando com os meus amigos que hão-de vir e inventa-se umas coisas com o pouco que há na cozinha, e que afinal não era assim tão pouco. A Carolina e o Carlos juntam-se, delicio-me com o meu pão preferido de Lisboa, e uma *burrata* perfeita com tomate e cebolinho. Há um sumo de abacaxi e hortelã que me salva a vida, e a ressaca desaparece em quatro goles.

O Carlos partilhou as suas novas aventuras profissionais. Há três meses estava sem trabalho e agora não tem mãos a medir, com vários projectos entre Lisboa e o Porto. Não sei explicar como me sinto quando as coisas acabam por correr bem para os meus amigos. Fico animada e esperançosa. Quando é comigo, traço o pior cenário, imagino que vai tudo correr mal e que não vou estar à altura. Quando as coisas correm bem para eles, não tenho dúvidas de que vão ser incríveis, sei que eles são à prova de bala. É nestas alturas que o mundo não me parece assim tão horrível, mesmo que o dia da rapariga do café tenha sido.

Despeço-me deles e enfrento o supermercado, faltam-me coisas essenciais. Custa-me muito colocar a máscara, fico suada instantaneamente. As rainhas-cláudia estão no ponto, os pêssegos vão demorar a amadurecer e não há os ovos de que gosto. A senhora da padaria despede-se com «obrigada e Boas Festas» ou pelo menos foi isso que percebi entre máscaras.

Chego muito, muito suada a casa, tiro a camisa, atiro-me ao sofá e ataco o bolo de banana e chocolate que a Carolina me deu. Devoro-o em pouco tempo, tentando não sujar o sofá. É uma dose para três pessoas, mas não há ninguém para me obrigar a partilhar e o assunto fica resolvido.

A minha mãe telefona-me à noite, pergunta-me quando tomo a segunda dose da vacina, eu pergunto-lhe se sempre vão de férias para a costa vicentina. Os meus planos de férias estão dependentes de várias coisas, entre elas a ida dos meus pais. Vou ter de decidir nos próximos dias, não posso deixar arrastar muito mais. Sempre adorei o mês de Setembro, mas pressinto que este não vai ser adorável.

Enquanto escrevo estas palavras o Spotify presenteia-me com uma canção de Destroyer, e ouço: «*I was a dreamer, watch me leave*.»

22 de Agosto de 2021

Dormi muito, e bem — finalmente.

Lavei duas máquinas de roupa, que secou em pouco tempo, fiz a cama de lavado, descobri lençóis que não sabia que tinha, e até engomei umas camisas. Passei muitas horas no sofá a tentar descobrir algum programa que me pusesse dormente.

Fui ao supermercado de carro e as ruas estavam vazias, para equilibrar as contas havia uma fila enorme na Conchanata. Está muito calor.

Queria ter trabalhado no livro, mas não consegui e não me sinto culpada nem ansiosa por isso. Acho que vou conseguir avançar durante a semana, apesar de já ter muitas coisas combinadas e os próximos dois dias serem de novo preenchidos com *workshop*.

Apanhei o metro que estava cheio, a trabalhar com apenas três carruagens. A partir de amanhã já não se aplicam regras de restrição de capacidade nos transportes públicos. Duvido que tenham sido cumpridas ao longo destes meses, os memes e comentários que circulam na internet parecem confirmar a minha teoria.

Fui ao Príncipe Real, a um sítio onde não ia há dez anos e, curiosamente, até se ouvia falar português. O Dave faz 41 anos e juntámo-nos para brindar. A Catarina tem uma amiga que está à procura de sítio onde ficar durante um mês, talvez seja inteligente voltar a partilhar casa durante umas semanas para ajudar nas contas. Tenho de pensar bem se consigo voltar a partilhar o meu espaço, da última vez não correu bem e senti-me estrangeira na minha própria casa.

Voltei de metro, depois da meia-noite, no Príncipe Real e no Rato havia alguns turistas, mas as ruas do meu bairro estavam desertas.

Amanhã é segunda-feira.

23 de Agosto de 2021

Acho que acordei antes do despertador, mas não tenho a certeza. Sei que não dormi bem e talvez não tenha sido inteligente beber vinho, de estômago vazio, na noite passada. Estou com umas olheiras gigantes — tenho de começar a honrá-las, daria uma boa gótica.

Engoli umas torradas de pão muito seco, ouvi o início do *Morning Glory*, que se tornou o meu ritual de manhã desde o início da pandemia. Enfiei fruta, chocolate e o computador na mala, lavei os dentes, e saí de casa com os auscultadores a servirem de cafeína. Apanhei o metro às 9h40, desta vez com pouca gente e a funcionar com seis carruagens.

Cheguei cinco minutos antes das 10h00 ao LACS dos Anjos. Às vezes até me esqueço de como esta cidade é pequena e como é fácil chegarmos rapidamente a qualquer sítio.

Da parte da manhã falamos de *workflows* e as *apps* que vão continuar a ser ferramentas essenciais para trabalharmos em equipa, sobretudo o Trello. Cada vez gosto mais de reflectir sobre a arquitectura de uma equipa, como é que podemos trabalhar eficientemente e proteger-nos melhor, em conjunto e individualmente. Apesar da minha falta de jeito para coordenar pessoas, adoro pensar em sistemas de organização que possam servir de base a todos. Deve ser o meu TOC a manifestar-se de uma maneira saudável, ou então é simplesmente o meu lado tirano a sonhar com um sistema que só faz sentido na minha cabeça.

A tarde foi mais derivativa e mais universal: conversas sobre o futuro, sobre tecnologia, redes sociais, comunidades. Continuo a sentir que a equipa não está alinhada em certos aspectos que me parecem fundamentais, e muitas vezes não sei qual o meu papel dentro da organização. Terei sempre muitas questões, tenho de aceitar e confiar que as coisas vão organizar-se organicamente. Mesmo que seja uma visão ingénua, irá deixar-me menos frustrada.

O dia de trabalho fechou pelas 18h00 e fui ao Chiado tentar comprar uma camisa branca. Encontrei muitos turistas. Há poucos empregados nas lojas, senti o desespero de alguns, sobretudo na H&M, e não comprei nada.

Chego a casa de rastos.

24 de Agosto de 2021

Acordo com os cães a ladrar, volto a adormecer e o despertador toca uma música horrível na Vodafone FM. O meu despertador retro só funciona com rádio FM e a minha banda sonora de despertar é cada vez mais difícil de engolir.

Hoje começamos o *workshop* mais tarde e tomo o pequeno-almoço com calma: pão de abóbora e nozes, uma mão cheia de cápsulas de suplementos e três copos de água. Abro o computador, tenho um e-mail de uma editora a quem enviei a proposta do livro há tempos: querem reunir, mas agora já me comprometi com outra e terei de responder sem parecer uma idiota. Tenho outro e-mail do Leffest que me lembra a minha outra vida, quando era convidada para comunicações de imprensa em representação da rádio. Também vou ter de responder com calma, de maneira a não transparecer o meu desdém por um projecto que me foi tão querido.

Ainda antes de sair vejo os cinco minutos finais do primeiro episódio da série *Dave* na HBO, não sei se me apetece continuar a ver e sinto-me órfã de séries.

Apanho o metro mal chego à estação, e faço o trajecto casa/LACS em menos de doze minutos, acho que é um recorde. O *workshop* anima-me. Falamos de um novo método de trabalhar que recusa a estrutura de uma hierarquia e também das possibilidades da tecnologia na nova economia que se começa a afirmar através da *blockchain*. Há alguns termos que desconhecia há seis meses e que agora são-me familiares, fico contente por perceber que ainda tenho capacidade de absorver informação que não me é natural. A matéria é densa e complexa e sei que preciso de tempo para poder encaixar solidamente algumas das coisas abordadas. Espero que a minha necessidade pessoal de «estrutura» não me impeça de adaptar-me a novos sistemas que, em abstracto, me parecem muito sedutores.

Hoje senti que podemos ser uma equipa alinhada. Apesar de gostar muito de trabalhar remotamente, durante estes dias de *workshop* apercebi-me de que sinto falta de discussões em grupo.

Acabamos às 18h00 e volto a pé para casa. Penso nos próximos dias e relembro-me que daqui a uma semana e meia estarei de férias. Não sinto nenhum entusiasmo.

Continuo cheia de preguiça para cozinhar e o meu jantar é gaspacho de pacote, atum com tomate e um iogurte natural.

Não tenho paciência para televisão e ouço música até muito tarde, baixinho para não incomodar os vizinhos, nem os cães dos vizinhos.

Estou a descobrir muitas canções bonitas no programa *Love In The Afternoon*, que tenho ouvido no Mixcloud.

Equaciono se me atiro ao *spray* de melatonina ou não.

25 de Agosto de 2021

Acordo às 8h30 e adio o despertador duas vezes. Volto à minha rotina habitual e trabalho remotamente a partir de casa. A casa está um nojo, sobretudo o chão da cozinha, mas é dia da Odete pôr ordem nisso.

Vejo as mensagens no Slack, a Carlota passa-me uns trabalhos que precisam de ajustes. Abro os editáveis e apercebo-me de que está tudo ligeiramente caótico. Custa-me muito trabalhar numa equipa que não investe na organização, parece-me auto-sabotagem.

A Odete não chega às horas previstas e envio-lhe mensagem, responde-me que talvez não venha hoje, e talvez venha no sábado. Vou ter de varrer o chão.

Saio de casa dez minutos antes das 11h00 e chego mesmo em cima da hora para a massagem. Tenho ido todos os meses, decidi investir neste pequeno luxo para me sentir melhor. Sofro sempre muito na marquesa da Patrícia, mas sei que a chave para o alívio está naquelas pequenas mãos. Ela trata de mim como se fosse uma missão. Fico refém dos dedos dela, enquanto ouço histórias dos seus nove irmãos espalhados entre o Brasil e Portugal, e do pai que tem uma cegueira parcial, um problema que no

Brasil chamam «buraco negro». A Patrícia diz que tem este problema por ter passado demasiado tempo a olhar para o sol. É uma história trágica e bonita, e parece-me que daria uma boa canção.

Apesar da dor, sinto-me mimada. É a segunda vez que tenho o peitoral contracturado, os meus músculos e tendões continuam a conspirar juntos e a inventar novas formas de contorção — o que fazer quando o nosso corpo está contra nós?

Passo no Lidl, compro pão, quatro iogurtes, quatro limões, três maracujás e seis chocolates.

Como umas coisas não elaboradas enquanto me instalo no computador, e passo a tarde a tratar de pequenas tarefas.

Ao final da tarde tenho uma consulta no ginecologista. Chego cinco minutos depois da hora marcada, mas acabo por ter de esperar mais de quarenta minutos para ser atendida. Nunca gostei deste médico, mas é perto de casa, e como está todos os dias no consultório até tarde nunca preciso de esperar muito para ter vaga. Faço a citologia da praxe, é o momento mais invasivo da consulta e deixa-me sempre agoniada. Suspiro bem alto. «Está a doer? Vai ser rápido.»

E foi rápido.

Dez minutos de consulta e 53 euros depois, estou de novo na rua, onde recupero o meu corpo e posso voltar a tirar a máscara. Decido passear pelo bairro antes de voltar para casa. Há miúdos de patins, graúdos de bicicleta, alguns corredores, e quase sou atropelada por uma trotinete que foge das mãos da condutora.

Espreito para dentro dos apartamentos que não têm cortinas nem estores. Há famílias à mesa, e não sei bem porquê fico comovida com estes pequenos quadros domésticos. As buganvílias continuam em flor, vejo melros e morcegos.

O dia acaba no sofá, ponho gelo no peitoral dorido na esperança de que não fique negro. Apesar da minha resistência ao telejornal vejo algumas notícias sobre o Afeganistão. Continuam milhares no aeroporto de Cabul, em condições difíceis de imaginar. 40 dólares por uma garrafa de água, 100 por um prato de arroz. A cada 24 horas partem 27 mil pessoas diz a SIC Notícias — desconfio muito deste número e tento verificar no telemóvel se não é erro da legenda. Vejo uma mulher que conseguiu voo aliviada por ter saído, a chorar por ter abandonado uma terra que foi sua desde que nasceu.

26 de Agosto de 2021

É quase meia-noite, cheguei há minutos a casa. O dia de hoje foi comprido.

De manhã tentei despachar tudo o que tinha de trabalho e à tarde fui ter com o Vitorino, que me convidou para uma sessão fotográfica. Antes disso olhei para todas as camisas do meu guarda-roupa na tentativa de ir bonita, mas acabei por ir de *t-shirt* branca e calças pretas para me sentir confortável.

Pedi um Bolt para chegar até à zona do Castelo. O motorista evita a Almirante Reis e critica a ciclovia que tem dado muita polémica nos últimos meses. Digo-lhe que temos de deixar de ter carro próprio e ele argumenta que «isso nunca irá acontecer, é uma coisa muito enraizada na nossa cultura», remato com «estamos em transição, as novas gerações já não pensam assim». Será que ele se apercebe de que há meia dúzia de anos o trabalho que tem agora não existia e que os taxistas-enraizados eram contra a sua existência?

Eu e o Vitorino tínhamo-nos encontrado uma vez, num lançamento da Inês, e estávamos os dois de máscara. Perguntei-lhe se costumava convidar pessoas das quais só tinha visto metade da cara e disse-me que não tinha razões exactas para convidar as pessoas que convidava, que era por intuição. Intuição ou não lá estávamos os dois, numa sala muito, muito quente, no Teatro Taborda. Senti o *blush* a escorrer-me pelo pescoço, mas houve uma ventoinha para controlar o desespero. Disse-lhe que não me importava de ficar com cara de má, enjoada é que não. Continuo a não querer aceitar que enjoada é a minha cara mais habitual.

Foram duas horas de muitos *flashes* e algum desconforto, nunca sei o que fazer com os braços e com as pernas. Celebrei ter sobrevivido com uma sidra, satisfeita por ter-me forçado a ter uma câmara apontada a mim, mas continuo a recear que o resultado seja catastrófico.

Enfiei-me no metro e fui até ao Frutalmeidas ter com o Daniel. As esplanadas de Lisboa engordaram e há mesas na rua perpendicular à Avenida de Roma, já dentro do bairro de São Miguel. A simpatia dos empregados continua em estado embrionário, esses permanecem congelados no tempo, mas a fruta é sempre fresca.

O Daniel desafiou-me para ir ver um filme do Indie, no jardim do Palácio das Galveias. Comprámos bilhete e só depois reparámos que não era o filme que ele queria ver, mas que por acaso era um realizador novo que ele achava que valia a pena. Jantámos numa hamburgueria onde costumava ir muitas vezes. Não reconheci nenhum empregado, ficámos na esplanada nova, o menu era muito semelhante ao antigo, a comida igualmente boa. Percebo agora que é um outro sítio, e não aquele onde tantas vezes fui, numa outra vida. Não são só as pessoas que mudam.

O filme era romeno, realizado pelo Radu Jude, e na tradução para português ganhou o título *Má Sorte no Sexo ou Porno Acidental*. Era excêntrico, atrevido, mas não de uma forma gratuita. Começou com uma cena de sexo explícita e achei que não prometia nada, felizmente estava enganada. Não consigo dizer se adorei, mas mexeu com as minhas vísceras e isso, nos dias de hoje, é muito. Ao fundo ouvíamos protestos do Campo Pequeno, havia uma manifestação enorme e ruidosa antitourada e o caos da manifestação parecia confundir-se com o desvario do filme.

A certa altura imaginei o que faria se a sessão fosse invadida por terroristas. Não consegui afastar esse cenário hipotético, senti-me ansiosa e por momentos nem consegui voltar a concentrar-me no filme. Por onde fugiria? Quem ajudaria?

Atacaram o aeroporto de Cabul.

Amanhã é dia de vacina.

27 de Agosto de 2021

Chego pontualmente ao Centro Desportivo de Alcabideche, 9h29.

Desta vez há fila, mas não tenho de esperar muito. O pavilhão está forrado com painéis enormes da câmara municipal. A vacinação é também propaganda política.

Segunda dose de Moderna. «Ponha gelo no braço entre hoje e amanhã. Se tiver febre, cansaço extremo ou diarreia, é normal. Pode acontecer hoje ou daqui a quatro dias e não tome *Brufen*, só paracetamol, *Ben-u-ron* 1 grama.» «É comum ter esses efeitos secundários?», pergunto. A técnica diz que sim, que na segunda dose da Moderna é muito comum.

Sigo para o recobro depois de passar por mais quatro crianças e adolescentes que estão a dar apoio logístico. Sigo um rapaz de bandeirinha, como os grupos de turistas em Lisboa, e tento fazer uma piada, mas, mesmo de máscara, sei que nem um sorriso consegui conquistar. Será que esta geração tem sentido de humor? Talvez seja uma fase, a adolescência é difícil, já sabemos.

Tenho duas máscaras, mal consigo respirar, obrigaram-me a colocar uma cirúrgica por cima da que tinha trazido. Dão-me uma garrafa de água e um pacote de umas bolachas desinteressantes que não vou comer. Fico no recobro à espera de que me soltem.

Esta ordem extrema, com as cadeiras milimetricamente distanciadas, angustia-me. Há um par de semanas vi a série *Brave New World*, inspirada na obra do Huxley, e reparo que há aqui algumas semelhanças. Obedecer e não questionar. É tentador ser antivacina e não colaborar neste sistema que nos impõem. Por outro lado, como podemos sobreviver a esta peste que por si só é uma prisão? Viver é muito confuso. É-me cada vez mais difícil tomar posições claras sobre assuntos importantes.

Chego a casa dos meus pais cansada. Dormi mal, sonhei com as fotografias do Vitorino, que no sonho não conseguia gostar de nenhuma, e pelo meio surgiu o Afeganistão-catástrofe. O filme de ontem foi violento e deixou-me ansiosa.

Não adiantei nada do livro esta semana.

Tento concentrar-me no trabalho, pedem-me para fazer uma coisa que me dá náuseas: clarear um retrato de uma pessoa negra. No Photoshop percebo que o problema é mesmo da iluminação e a náusea passa-me ligeiramente. Repito para dentro, como uma mantra: não posso sofrer tanto por antecipação.

Há uma semana desinstalei o Instagram do meu telemóvel, faço-o de tempos a tempos, mas hoje já estive a *scrollar* durante imenso tempo no computador. Esta porcaria é um vício e não me traz satisfação nenhuma. Ontem passei metade do dia com o telemóvel desligado, sem bateria, e não senti falta dele a não ser para ver as horas.

Estava aqui a tentar convencer-me, mas entre as últimas linhas e esta, já reinstalei o Instagram no telemóvel.

A vacina atingiu-me à tarde. Algumas dores de cabeça, imensa moleza. Um grama de paracetamol.

Ainda consegui decidir as férias. Eu, a Mariana, a Marta e o Rui vamos alugar uma casa um par de dias, depois fico com os meus pais, e nesta altura deve dar para ir ter com a Rita e a Sofia a Lagos. Na segunda semana fico em Estoi, sozinha com os gatos, as carpas e as alfarrobeiras.

Adormeci cedo no sofá e arrastei-me para a cama a muito custo.

28 de Agosto de 2021

A noite foi horrível. Adormeci logo, mas a meio da noite acordei a desfazer-me em suor. Devo ter tido febre, acho que alucinei ligeiramente, senti-me presa à cama, incapaz de pedir ajuda.

Depois do pequeno-almoço tomei outro *Ben-u-ron*. Consegui tirar o pijama e vesti-me para ir com a minha mãe visitar a minha avó. O lar continua com as mesmas restrições: visitas de meia hora, com vidro acrílico à frente, sem toques, nem abraços, duas visitas por semana. A minha avó está irreconhecível, queixa-se muito, embirra com tudo, até comigo. Agora deu para implicar com pequenas coisas que faço e diz que estou sempre a mexer no cabelo. As visitas custam-me sempre, ela não consegue ouvir-me, temos de manter a distância, e acabamos por conversar melhor ao telefone. Também já tentámos uma visita com ela a ouvir-nos através do telemóvel, mas baralha-se, e a situação só me faz lembrar as visitas prisionais dos filmes americanos. Hoje nem tive coragem para perguntar à minha mãe se já havia um protocolo do lar-prisão para a podermos tirar dali por um par de horas. A resposta seria certamente «não», e a pergunta só a iria deixar triste. Tenho de me controlar para não exteriorizar as perguntas inúteis que rodam na minha cabeça em *loop*.

Passei grande parte da tarde semi-adormecida no sofá, com suores pontuais. A minha mãe está cansada, e vejo-a sempre preocupada com a logística da casa. O meu pai entretém-se com as intermináveis obras em que se mete. Fico angustiada ao vê-lo sem o colete e a fazer malabarismos como se não tivesse uma vértebra partida e outras duas rachadas.

Tinha combinado passar na Casa do Capitão, onde há uma feira com a Calu e a Carolina, e também queria ter ido ver o *Verdes Anos* na Cinemateca, mas não consegui fazer nada do que tinha planeado. Os planos de hoje ficaram todos hipotecados por uma vacina que desejámos durante muitos meses e que, nos dias bons, também acho que nos vai salvar.

Fala-se da inevitabilidade de uma terceira dose, apesar dos desequilíbrios geográficos/sociais da distribuição da vacina. Há quem diga que o mais certo é levarmos um reforço todos os anos, eu suspeito que entraremos em confinamento durante o Inverno, e nas notícias tudo indica que a Madeira vai já avançar com a terceira dose.

A história é interminável, e estamos neste barco há 18 meses.

Voltei para Lisboa.

12—22
PEDRO RAMOS nasceu em 1980 em Lisboa, onde vive. Ainda bebé, foi protagonista de uma embalagem de papa *Cerelac*, e durante a adolescência começou a fazer rádio, seguindo as pisadas do pai. Como radialista, passou pela VOXX e Radar, foi director de Programas da SIC Radical e é programador musical, assinando a curadoria Black Balloon e Solário no Lux, e Serviço de Quarto na Casa Independente. Trabalha em publicidade e dá voz a vários anúncios e marcas, como Lidl, Opel e o canal ACM. Em Novembro de 2021 lançou um novo projecto, uma rádio online, a que deu o nome «Futura — rádio de autor». Passou o confinamento em Lisboa, acompanhado por muitos discos, filmes, livros e a filha.

23—33
RUI SILVEIRA nasceu em 1983 em Campo Maior e mudou-se para Lisboa onde se licenciou em Design de Comunicação. Estudou na escola de artes visuais Maumaus antes de ir viver para o Canadá, em 2016.
É actualmente doutorando na Université du Québec à Montreal, instituição onde trabalha como docente e assistente de investigação em grupos de trabalho orientados para o cinema documental. O seu trabalho enquanto cineasta foca-se no intercâmbio entre as comunidades e o meio ambiente e a forma como esta relação recíproca influencia as representações culturais que definem essas comunidades. Os seus filmes foram apresentados em vários festivais como Rencontres Internationales du Documentaire de Montréal (2019), Doclisboa (2013) ou na Semana da Crítica de Cannes (2011).

34—52
PEDRO MARQUES LOPES nasceu no Porto em Maio de 1966 e vive em Lisboa, onde passou os períodos de confinamento. É licenciado em Direito, tem três filhos, e é gestor.
Escreveu para vários jornais e revistas e agora assina uma crónica semanal na *Visão*. É presença assídua na televisão, na SIC Notícias, onde também faz parte do programa *Eixo do Mal*.
Na rádio, podemos ouvi-lo em programas de opinião da TSF, nomeadamente no *Bloco Central*. Em 2014 editou o livro *Suaves Portugueses*, uma compilação de crónicas escritas ao longo de 10 anos.

54—56
MARIANA, A MISERÁVEL, ou Mariana Santos, nasceu em 1986 em Leiria, cidade que deixa aos 18 anos para estudar Design Gráfico nas Caldas da Rainha. Depois da licenciatura, mudou-se para o Porto e é aí que vive e trabalha. Dedica-se à ilustração assinando como «Mariana, a Miserável» e a tristeza é o ponto de partida para as histórias que conta. Participa em exposições, individuais e colectivas, trabalha para marcas, colabora com estúdios de design, e pontualmente dá aulas. O trabalho da Mariana pode ser visto em publicações portuguesas e internacionais.
Passou os períodos de confinamento entre o Porto e Gaia, com o namorado e o gato Virgílio, e em Setembro de 2020 lançou o livro *Meninos das Lágrimas*.

57—66
CLÁUDIA DUARTE nasceu em Almada em 1979.
Tirou a licenciatura de Filosofia em Coimbra e o mestrado na Sorbonne, em Paris. Estudou Realização Cinematográfica em Lisboa, e Design Multimédia em Madrid.

A música marcou-lhe sempre o passo e levou-a a trabalhar com livros, na televisão, na publicidade, e na promotora Música no Coração.
Vive em Lisboa e, em conjunto com o amigo Pedro, tem o estúdio «*this is ground control*», onde trabalha bem de perto com três grandes paixões: a cultura, a comunicação e o David Bowie.
Foi jogadora de basquete, DJ, cronista, designer, realizadora, radialista (RUC e Radar), e assessora.
É mãe da Olívia.

67 — 73
SUSANA MENDES SILVA nasceu em Lisboa, em 1972, e é artista plástica, *performer* e professora. Estudou Escultura em Lisboa e frequentou o programa de doutoramento em Artes Visuais no Goldsmiths College, em Londres. É doutorada em Arte Contemporânea, pelo Colégio das Artes da Universidade de Coimbra, com a tese baseada na sua prática performativa.
É professora auxiliar na Universidade de Évora/DPAO e membro integrado do CEIS20 da Universidade de Coimbra.
Passou o primeiro confinamento de 2020 em Lisboa.

74 — 96
CATARINA BARROSO nasceu a 9 de Agosto de 1986 em Lisboa, cidade onde se licenciou em Ciências da Comunicação. Depois de terminar o curso, mudou-se para Barcelona, onde trabalhou e estudou.
Entre 2012 e 2021 viveu em Londres, cidade onde passou os confinamentos impostos pela covid.
Dedica-se à área da comunicação, e gosta sobretudo de projectos que unem a estratégia à criatividade.
Nos últimos anos tem trabalhado em diversos projectos internacionais, em agências de publicidade (HAVAS, Grey, CP+B, Uncommon), e integrou a equipa da VICE e da Refinery29.
Depois de 13 anos a viver fora de Portugal, regressou em 2021 e no mesmo ano foi mãe pela primeira vez.
Vive agora em Lisboa.

97 — 101
DANIEL BLAUFUKS tem trabalhado sobre a relação entre a memória pública e a memória privada, um tema que é uma das constantes interrogações no seu trabalho como artista visual.
Tem exposto largamente em museus, galerias de arte contemporânea e festivais, trabalhando principalmente com fotografia e vídeo, apresentando o resultado através de livros, instalações e filmes.
Possui um doutoramento da Universidade de Gales, para o qual escreveu sobre Fotografia e Cinema na sua relação com os textos de W. G. Sebald e Georges Perec, assim como a sua relação com a memória e o Holocausto.
Em 2016 recebeu o prémio AICA pelas exposições *Tentativa de Esgotamento* e *Léxico*.

102 — 109
LUCÍA VIVES nasceu em Lisboa em 1999.
Durante a adolescência dedicou-se à música independente e fez parte dos colectivos lisboetas Xita Records e Maternidade. Tocava e compunha em projectos como Ninaz e Vaiapraia, e a solo editou um EP em 2017.
Vive e trabalha entre Lisboa e Amesterdão, onde estuda Imagem em Movimento na Gerrit Rietveld Academie, e o seu trabalho parte sobretudo da escrita.
Em 2020, passou o confinamento com o pai, a mãe e duas caturras: o *Verdi* e a *Valquíria*.

110 – 118

MIA TOMÉ nasceu em 1994. Foi bolseira da Fundação Calouste Gulbenkian para estudar no The Lee Strasberg Theatre and Film Institute, em Nova Iorque.
É licenciada em Teatro pelo Conservatório Nacional de Teatro, e mestre pela FBAUL onde investigou o tema «Cinema e Educação».
Trabalha regularmente com a voz, seja em publicidade, dobragens ou até na música.
É autora e apresentadora do programa *Querem Drama?* no Canal Q, mas também do *Por uma canção* na Antena 3.
No cinema, como actriz, já filmou com realizadores como Eugène Green, Julius Berg, Manuel Mozos ou Mário Barroso.
Publicou a sua primeira peça para Teatro *Pensão Glória*, em 2016 pelo TNDMII.
Foi autora da crónica «Miallennial» que morava no *Expresso*.

124 – 131

VÍTOR PINTO nasceu em 1979 no Porto, cidade à qual regressou depois de 11 anos passados em Bruxelas, onde trabalhou em projectos europeus, e em Barcelona, onde fez o mestrado em Gestão Cultural.
Trabalha no Gabinete de Comunicação e Mediação do Teatro Municipal do Porto.
Em Dezembro de 2020, quando escreveu este diário, estava a ultimar a edição do livro *Cadernos do Rivoli 07*.
O seu lançamento público estava previsto para Janeiro de 2021, mas a variante britânica da covid viria a intrometer-se nesse plano.
Durante uma parte dos confinamentos de 2020, partilhou o tecto e a solidão endógena com os pais, septuagenários, que lhe reportavam diariamente os números das infecções e o alívio indisfarçado por não terem entrado para as estatísticas.

132 – 139

SARA FÉLIX nasceu em Lisboa em 2003 e mora em Queluz.
Aos 12, altura pela qual começou a frequentar assiduamente o espaço cultural independente lisboeta ZDB, começou também «Eclipse», um projecto em que entrevista pessoas ligadas à música e às artes visuais.
Adora música, toca guitarra e está a tentar dar os primeiros passos com bandas.
Também gosta de escrever e fotografar.
Vive entre a casa da mãe e a casa do pai, com quem passou os períodos de confinamento. Na altura encontrava-se ainda no ensino secundário, e agora estuda Pintura na Faculdade de Belas-Artes de Lisboa.

140 – 146

JOÃO FAZENDA nasceu em Lisboa em 1979.
Estudou na Faculdade de Belas Artes de Lisboa e durante vários anos viveu entre a capital portuguesa e Londres.
É desenhador e ilustrador, pontualmente pinta. Assina projectos editoriais próprios e também trabalha para grandes clientes, como *The New York Times*, *The New Yorker*, *The Guardian*, *Público* e *Visão*.
Premiado no Festival Internacional de Banda Desenhada da Amadora (2001), venceu também o Prémio Nacional de Ilustração (2015) e o World Illustration Awards (2015) na categoria de livros.
Em 2020, em plena pandemia, estreou o filme de animação *Mesa*.
Tem dois filhos e mora em Lisboa.

148 – 152

BARTOLOMEU COSTA CABRAL nasceu em Lisboa em 1929 e é uma figura incontornável da Arquitectura Portuguesa.
Estudou Arquitectura na Escola Superior de Belas Artes de Lisboa, onde mais tarde viria a ser professor.

Foi colaborador no *atelier* de Nuno Teotónio Pereira entre 1950 e 1958, época em que trabalha no projecto do Bloco das Águas Livres (Lisboa), um edifício que é classificado em 2012 como monumento de interesse público e vence o 2.º prémio de arquitectura na *II Exposição de Artes Plásticas* da Fundação Calouste Gulbenkian (1961). Em 1956 começou a trabalhar no Gabinete de Urbanização do Plano Director de Lisboa, foi arquitecto da Federação de Caixas de Previdência (1960–1963), e foi associado no gabinete de Planeamento e Arquitectura (1969–1996). Em 1973 funda o seu próprio *atelier.*
Em 1978 recebe o Prémio anual de Arquitectura Raul Lino, e em 2009 foi-lhe atribuída uma Menção Honrosa do Prémio Valmor e Municipal de Arquitectura. Em 2019, o Convento de Cristo em Tomar recebeu a exposição *A Ética das Coisas — Bartolomeu Costa Cabral 1953–2012,* e no início de 2020 foi distinguido com o prémio da Associação Internacional de Críticos de Arte (AICA), atribuído em conjunto com o Ministério da Cultura.
Ainda antes de aceitar o convite para este livro, escrevia textos que enviava aos amigos, numa série a que deu o nome «Vírus & Consequências».
É pai e avô.

153 –160

ELISA SANTOS nasceu no Porto em Julho de 1968, é a primeira de quatro filhos.
É licenciada em Antropologia pela Universidade Nova de Lisboa, e frequentou o Mestrado em Saúde Pública no Instituto de Saúde Pública da Universidade do Porto.
Foi produtora cultural de projectos na área do teatro, dança, artes visuais e cultura científica.
Trabalhou em cooperação internacional, em Angola e Moçambique, nas áreas da saúde e desenvolvimento comunitário.
Mantém até hoje uma vida dupla entre a cultura e a intervenção comunitária.
Actualmente, é consultora em projectos de desenvolvimento, e desde 2020 colabora com a Câmara Municipal de Valongo na implementação do seu Plano Municipal de Saúde.
Vive com a irmã, com a mãe, o namorado e um amigo.

161 –180

PEDRO SERRANO nasceu no Porto em 1953 e é médico da especialidade de Saúde Pública. Escreveu os romances *No Verão Fico Sempre Mais Nova* (Amazon, 2004), *Visitação* (2015), *Às Vezes, à Noite* (2019) e *A Não Ser a Chuva* (2021). É autor de *Não Venhas Tarde,* crónica de viagem por terra entre o Porto e o Nepal (2014); *Uma Lã Sem África,* compilação de textos escritos durante viagens feitas no âmbito da cooperação em Saúde com países lusófonos (2015); e de *Ilha com Vista Para o Mar: Uma Aventura no Serviço Médico à Periferia* (Prémio Fialho de Almeida, Ficção, 2019).
Com Angelina Barbosa traduziu para português *Bob Dylan — Lyrics 1962–2011,* obra publicada em dois volumes pela Relógio d'Água (2006, 2008). Na mesma editora publicou *Coração Independente* (2000) e *Redacção e Apresentação de Trabalhos Científicos* (1996; 2.ª edição 2004), reviu a obra de Oliver Sacks *Musicofilia* (2008), e preparou, anotou e ilustrou a 2.ª edição de *Elogio da Sombra,* de Junichiro Tanizaki (2008).
É ainda autor de uma antologia poética: *Por Atalho Foi-se* (2018) e outra de contos: *Voava, Mas Não Como os Pássaros* (2020).
Mora com a mulher, um gato e as visitas do filho numa praia a norte de Lisboa.
Durante a pandemia passou a maior parte do tempo entre a casa e o jardim, o computador, a lareira e a leitura, sempre com música como pano de fundo.

181–196

ANA PAULA RODRIGUES nasceu a 15 de Maio de 1979.
É médica de Saúde Pública e vive numa pequena aldeia à beira-mar, a 60 quilómetros de Lisboa.
Trabalha no Instituto Nacional de Saúde Doutor Ricardo Jorge, em vigilância e investigação de infecções respiratórias, e está directamente envolvida na resposta à covid-19. Participou na elaboração do plano de contingência contra a covid-19 e, actualmente, é coordenadora do Inquérito Serológico Nacional à covid-19. Passou grande parte de 2020 em casa, em teletrabalho, com o namorado.

197–219

RAQUEL BRAGA nasceu no Porto, em 1970 e é, desde 2000, médica de família numa Unidade de Saúde Familiar em Matosinhos.
É professora auxiliar convidada do Instituto de Ciências Biomédicas Abel Salazar (Porto) e faz neste momento o seu doutoramento em Saúde Pública no Instituto de Saúde Pública da Universidade do Porto (ISPUP).
Há longos anos formadora de médicos da sua especialidade, entre 2011 e 2014 foi também Directora da Revista Portuguesa de Medicina Geral e Familiar.
Foi também Membro da Comissão de Ética do ISPUP, onde actualmente faz parte da equipa de investigação EPIunit (Epidemiology Research Unit).
O seu texto retrata uma fase triste e difícil da sua vida e da de outras pessoas que fazem parte dela. Apesar da sucessão de eventos que ocorreram ao longo de 2020, tem tido uma vida feliz e tem esperança no futuro.
É casada e tem dois filhos.

222–226

HUGO OLIVEIRA nasceu a 31 de Janeiro de 1976 em Vila Nova de Famalicão.
Tem uma licenciatura em Pintura da FBAUP e um mestrado em Artes Musicais da FCSH-UNL. É ilustrador e artista visual, e o gosto pelas experimentações sonoras levaram-no a trabalhar numa loja de discos, a Matéria Prima, primeiro no Porto (2003), depois em Lisboa (2007–2013) e desde 2014, novamente no Porto.
Na última década, além da pintura, tem explorado a impressão em múltiplos. Gosta especialmente das características da impressão serigráfica e ao longo do último ano fez as primeiras experiências com linogravura.
Passou os períodos de confinamento a trabalhar como *freelancer* a partir de casa, com o filho e a companheira.

230–240

JOANA BERNARDO é filha única e nasceu em Janeiro de 1985.
É designer, locutora e outras coisas que não sabe bem descrever nas áreas das artes visuais e editoriais.
Estudou Design de Comunicação e é mestre em Práticas Tipográficas e Editoriais Contemporâneas.
Durante 11 anos fez parte da equipa da rádio lisboeta Radar, onde além de conduzir a emissão em directo assinava vários programas e rubricas de autor.
Em 2015 foi uma das vencedoras do concurso Jovens Criadores, e em 2017 publicou o livro *30 Anos 8 Dias*.
Neste momento trabalha para uma produtora e para uma galeria em Lisboa, e produz dois programas de autor nas rádios online Futura e YéYé.